父母如何与孩子平和地沟通

周震 · 著

情绪力

中国纺织出版社有限公司 国家一级出版社
全国百佳图书出版单位

内 容 提 要

本书从家长的角度探讨了情绪在亲子沟通中的重要作用。全书通过日常亲子沟通中可能出现的诸多情绪问题，包括吃饭、穿衣、睡觉、出行、学习、社交、行为习惯等方面，结合实际案例，给出相应的具体解决方法，旨在帮助父母改善易怒、焦虑、烦躁等负面情绪，重塑轻松、愉悦的亲子关系。

图书在版编目（CIP）数据

情绪力：父母如何与孩子平和地沟通 / 周震著. —— 北京：中国纺织出版社有限公司，2020.1（2020.7 重印）

ISBN 978-7-5180-6663-6

Ⅰ.①情… Ⅱ.①周… Ⅲ.①家庭教育 Ⅳ.①G78

中国版本图书馆CIP数据核字（2019）第192544号

策划编辑：刘 丹　特约编辑：金 菊　责任印制：储志伟

中国纺织出版社有限公司出版发行

地址：北京市朝阳区百子湾东里 A407 号楼　邮政编码：100124

销售电话：010—67004422　传真：010—87155801

http://www.c-textilep.com

中国纺织出版社天猫旗舰店

官方微博 http://weibo.com/2119887771

佳兴达印刷（天津）有限公司印刷　各地新华书店经销

2020 年 1 月第 1 版　2020 年 7 月第 2 次印刷

开本：710×1000　1/16　印张：15

字数：177 千字　定价：49.80 元

凡购本书，如有缺页、倒页、脱页，由本社图书营销中心调换

序 言

管好情绪，不吼不叫轻松做父母

周围很多年轻父母在教育孩子时常常对自己的孩子大吼大叫。面对孩子各种难管教的问题，往往要以不断告诉自己"这是亲生的"来压抑不良情绪，可最终还是忍不住对孩子吼叫。我为这些年轻父母的做法感到担忧，因为他们不知道自己的一次吼叫，很可能会让幼小的孩子产生心理阴影，会使他变得心灵脆弱，乃至影响他的性格和未来的人生。

如果有那么一件事能让亲妈秒变后妈，很多家长的答案一定如出一辙：陪孩子做作业。不写作业母慈子孝，一写作业鸡飞狗跳，"嗷呜乱叫"已经成为低年级学生家长每天晚上的经典保留曲目。

场景 1：

深更半夜某小区传来一女子疯狂的喊叫：

"什么关系？啊？到底什么关系？你说！"

"……它们互为相反数啊！"

场景 2：

某位妈妈在微信朋友圈发感慨：找到组织了！感慨！终于知道不是

1

我一个人在战斗！每次辅导孩子做作业时，感觉整个小区都是我的咆哮声……

场景 3：

一位妈妈每次辅导孩子作业都会抓狂，吼叫不断。这时爸爸出现，和娃你好我好，异口同声让妈妈走开。不到两分钟，就听见爸爸喊道："衣架呢？去给我找个衣架来！"娃哭得稀里哗啦……

写作业只是家长和孩子相处中很小的一个部分，却能很典型地说明家长和孩子之间相处的问题所在。我做了 15 年的家庭教育工作，其间遇到了很多打骂孩子的家长，和"写作业"遇到的问题一样，他们这么做的初衷其实就是让孩子长记性，可是却适得其反，孩子不但重复犯错，而且像撒谎、离家出走等更多的对抗方式也出现了。为什么初衷是教育好孩子，结果却截然相反呢？问题就出在家长难以控制自己的情绪上，吼叫已经成了家长教育孩子的一种重要途径。其实孩子出现的问题都很简单，比如：写作业磨蹭不专心，家长说两句就犟嘴；东西乱丢乱放，怎么说都不改；跟同学发生冲突，明明是自己惹事，还不承认错误……面对这些问题，家长因为不能控制自己的情绪，说到最后冲突升级，孩子也没有任何改变。

其实，父母与孩子之间产生矛盾的根本原因就是父母不了解孩子，却特别想控制孩子。如果想解决这个问题，父母就要调整自己，修正自己，要无条件地去爱孩子，去接纳他，去跟他做心灵的沟通与联结。对于孩子来说，父母对他进行理智的、没有坏情绪的教育，他是很容易接受的；而对他大吼大叫，甚至大打出手，他就会从内心逆反，甚至会反抗这种所谓的"教育"行为。古人云，教儿教女先教己。掌控情绪，才能掌控未来。这个情绪是父母的，而未来却是父母和孩子的未来。

家庭是人生的第一个课堂，父母是孩子的第一任老师。这第一个课堂要如何开始，第一任老师要怎样做才能给孩子打下一个好的基础？我在帮助上千个有问题家庭实施有效教育之后，创建了"情绪管理课堂"，呼吁广大家长朋友们保持好情绪、使用好方法、教育好孩子，做不吼不叫的好父母。

针对问题家庭，我的方法是先对家长的情绪问题进行情绪平衡训练，当家长可以进入平和的情绪状态后，我们一起查找孩子的问题是什么，再去找出问题的根源在哪里，然后再去发现这个问题背后孩子的心理需求和成长动机是什么，最后有针对性地制订计划去解决问题。通常只要家长可以有效管理自己的情绪，教育方法的实施都会效果显著，事半功倍。

本书一共有 14 个章节，第一章是好情绪与学习力，在这里概述了我们的情绪和孩子学习力之间的关系，这其实只是一个引子。通过我们跟孩子之间的摩擦，引发我们对自己情绪模式的思考。

在第二章到第五章中，我们会学习到在孩子穿衣、吃饭、睡觉、出行时的情绪管理。在日常生活中，我们很容易被触发情绪的那些场景引导着我们开始慢慢地觉察自己，帮助我们从情绪中脱离。当我们知道越来越多关于孩子为什么这么做的知识之后，我们的情绪感受会发生质的改变。

到了第六章，孩子特殊表现的情绪管理，帮助我们在遭受孩子挑战时，如何面对自己的情绪。从日常行为过渡到了特殊行为，我们应该有更多的感觉了。

在第七到十三章的学习中，我们发现孩子的行为习惯、性格、兴趣发展、社交学习以及合作的一切发展都跟我们息息相关。想要成就孩子，必须先改变自己。改变自己对我们来说很有难度，我为大家提供了很多方法，除此之外，读者也可关注我们的"好脾气情绪平衡俱乐部"微信公众号，里边有一些音频可以帮助大家做情绪平衡、释放身心压力，还为孩子们提供了帮助他们健康成长的脑波音频的助力练习，这一切都是为了让我们的家庭更和谐，让孩子的未来更加平顺和幸福！

最后一章，恢复爱自己的出厂设置，就是我们当下正在学习的内容。我们通过重新认识原生家庭，学会爱自己、重塑自己的情绪模式，建立完整的正向感受，最后达到让自己成为自己情绪的主人的目的。

管好情绪，教好孩子。让我们一起努力，做不吼不叫的父母，让爱自己、爱家人成为一种习惯！

周震

2019 年 6 月

目 录

1

第三章　孩子吃饭的情绪管理

第四章　孩子睡觉的情绪管理

第五章　孩子出行的情绪管理

第六章　孩子特殊表现的情绪管理

第七章　孩子行为的情绪管理

第八章　孩子习惯的情绪管理

第九章　孩子性格的情绪管理

第十章　孩子兴趣发展的情绪管理

第十一章　孩子社交的情绪管理

第十二章　孩子学习的情绪管理

第十三章　亲子合作的情绪管理

第十四章　恢复爱自己的出厂设置

后　记　让爱自己成为习惯

第一章
好情绪与学习力

孩子的学习方式跟我们完全相反

孩子的学习方式

我们教育孩子的时候会有这样的场景：跟孩子讲了很多道理，说明了重要意义，孩子也点头应允了，结果却不照做。比如我们看到孩子把东西乱堆乱放，我们让孩子把东西归位，他们确实会马上做，但是到了第二天仍然我行我素，还是杂乱无章。我们不禁会问，是我们的方法有问题，还是说得不够清楚？都不是，是我们不了解孩子的学习方式。

孩子的学习方式到底和我们有什么不同

为了帮助大家了解清楚，我们先来学习一下弗洛伊德的冰山理论。弗洛伊德认为我们的大脑像大海里的冰山一样，分为海平面之上和海平面之下两个部分，海平面之上只占10%，相当于我们的意识大脑，由左脑主宰，而海平面以下占比约90%，相当于我们的潜意识大脑，由右脑主宰。3岁以下的孩子会重点先发展右脑部分，这跟我们成人长期使用左脑的习惯是不同的。所以孩子跟我们最大的差异就是成人使用左脑，而孩子使用右脑。左、右脑是有区分的，左脑的功能是分析、思考、判断，成人更愿意用感官聚焦文字、数字、符号产生记忆，比如我们喜欢读书、看报、听新闻，只要是看到和听到的，我们都会通过语音输出也就是"说"来完成记忆，因此我们特别擅长在教育孩子的过程中讲道理。孩子们是用右脑学习的，右脑的功能就是扫描储存所有的信息，而收集信息的过程是通过孩子的感觉和触觉系统，对画面以及有亲身体验的感受进行潜意识印刻的结果。简而言之，孩子不靠眼睛、耳朵这些感官来收集信息，他们完全是靠自己的手和身体，通过不断地触碰和来回地运动来收集、扫描信息。只要孩子对自己亲力亲为的事情产生感受，扫描的信息就储存印刻在潜意识大脑中。对成人来说驾轻就熟的方式，对于全右脑的孩子就困难了，这就是我们给孩子讲道理不管用的原因。

孩子靠体验，成人靠说教，是教育中最大的差异。如果想让教育有好结果，成人就要改变一下方式，遵从孩子亲身体验的要求，带着他们做一遍，就什么都教会了。就像刚才说的乱堆乱放不收拾问题，我们与其对孩子不断说教，不如带着孩子做一遍。

我们可以一边带着孩子整理，一边创造一个有故事的场景：宝贝，你的玩具们该睡觉了，我们一起送它们回家好吗？先送小熊回家吧，小熊的家就在玩具箱里，你来送还是我来送呢？孩子很开心地说他来，然后依次把所有的玩具按照这个方法送回玩具箱。房间收拾好了，我们跟孩子之间也建立了一种互动方式。连续做了一周后，再跟孩子说收拾东西时，只说"请送玩具回家吧"，孩子就会立刻行动，独立完成送玩具回家的工作。

除了亲身带领孩子去完成，我们还要做有效的示范。比如，想让孩子马上洗脸、刷牙，那我们就应该把孩子带到卫生间，拿出牙刷对孩子说，现在是刷牙时间，我们来玩个刷牙游戏吧，你帮我刷牙，我帮你刷牙，然后互换，各自刷牙。这样做，孩子就可以高效完成洗漱过程了。

根据不同年龄段的大脑发育特征教育好孩子

孩子的大脑在不同的年龄发挥不同的作用：3 岁前的孩子学习 100% 依靠右脑的工作，左脑尚未发挥作用；3~6 岁的孩子，左脑开启 20%~40% 的工作量，右脑仍然在 100% 地工作；6~12 岁的孩子，左脑开启 40%~100% 的工作，右脑还是 100% 地工作；12 岁以上的孩子就跟成人一样了，左脑越来越强大，而右脑的功能开始慢慢弱化。

知道了这些规律，我们就该在孩子不同的年龄段采取不同的教育方式。针对 3 岁前的孩子，我们要通过带领他们进行各种场景画面的体验去感受学习；3~6岁时，除了带领孩子进行体验感受学习外，还要帮助孩子提高认知宽度和广度；6~12岁时，我们除了3~6岁该做的外，还要给予孩子知识原理的学习和讲解；12岁以上跟成人使用一样的方式学习。

我们来做个总结：孩子跟我们最大的不同就是依赖右脑学习，我们在教育孩子的时候，一定要带领他们去做，而不是靠简单说教。

有超群智力的孩子是教育出来的吗

暗示效应对孩子的影响

孩子在3岁以前很容易被家长的言行举止影响，并且家长的言行举止会产生暗示效应。我来举个例子：

A宝宝和B宝宝在两个不同的家庭里。A宝宝的父母非常和谐，即便吵架也很容易和好，还会互相道歉；他们在陪伴孩子的时候很有耐心，从不对孩子大声呵斥，而且也不当着孩子的面玩手机。B宝宝的家庭，父母经常吵架，有错也不道歉；陪伴孩子的时候没有耐心，经常呵斥孩子，当着孩子的面不断看手机。这两个孩子慢慢长大后，A宝宝就是一个平和、做事有耐心，而且很容易与别人交往的人；而B宝宝缺乏耐心，做事容易发脾气，很急躁，经常用暴力解决问题的方式和别人交往，这两个孩子的人生发展从此完全不同。

还有个例子：

我有个朋友，从小家里人就说这个孩子有福气，考试成绩不好，家里人说没关系，这孩子有福气，将来差不了；当他调皮捣蛋被老师批评了，家长会说没关系，孩子都会犯错，要给他成长的机会，他有福气，不会犯大错的。虽然家长有些片面地对孩子进行了鼓励，可是对他的暗示效应就是有福气。我和他做同学那会儿，我们小组每一次接受任务后都会胜出，因为他每次都自信满满地告诉我们，他有福气，咱们小组没问题的；而他后来的人生也进入了高速路，所有考试都名列前茅，学习期间还被作为交流生送到国外进行训练，现在进入了世界 500 强公司，成为一名高管。如此优秀的一个人，他一直只有一个口头禅：我很有福气。这是父母从小对他正向暗示的结果。

我自己是一个很好的负向暗示的例子。我从小就被家人暗示为胆小懦弱、反应迟钝。有了这些暗示，我做什么事都畏首畏尾，感觉自己反应迟钝、很笨，总是不相信自己会比别人好，每次大考总会出现问题，我的人生比我朋友可坎坷多了。通过我和朋友的案例对比，我们是不是已经知道了暗示效应对孩子一生的重要性了呢？

暗示效应对孩子的重要性

孩子到了 7 岁时，他们的左脑已经可以承担 40% 的工作量了，右脑仍然保持在 100% 的工作状态。在这段时间里，让孩子独立承担责任，并为自己的决定承担后果，是重要的教育目标。仍然以 A 宝宝和 B 宝宝举例。A 宝宝 7 岁了，他的家庭很和谐幸福，爸爸妈妈除了尊重孩子的选择之外，还帮助孩子进行知识点的梳理，学习过程中出现错误，不会批评他出的错，而是先看他改的错是不是都对了，然后再通过不同的角度给孩子出题，让他去独立验证知识学会了没有。B 宝宝的家长仍然不耐烦，孩子只要出错，就会不断地去批评他，还会追问为什么别人不错就你错呢，是不是因为上课不听讲呢？有了这样的暗示，A 宝宝和 B 宝宝之间的差距越拉越大，随着他们年龄的增长，A 宝宝变得很自信、有力量，做什么事情都很独立，很有担当；而

B宝宝总想逃避，不相信自己，做什么事情都畏首畏尾，他觉得自己就是很差。

以上案例让我们深刻了解到暗示效应的重要性。暗示既包括在家庭环境中我们言行举止对孩子的影响，也包括我们在帮助孩子学习过程中的耐心程度，更包括我们陪伴孩子时的情绪状态。这三方面的暗示，会对孩子的人生产生巨大的影响。

如何通过暗示效应培养智力超群的孩子

接下来我们重点说一下，怎样通过暗示效应来培养智力超群的孩子。

在孩子3岁以前，我们的言行举止要规范，最重要的一点就是要有耐心，这里说的耐心特指接纳孩子的不足，以及与其他孩子的不同之处，尽管有时候孩子的表现不尽如人意，但也只是孩子漫长一生的暂时表现，只要缺点没有持续放大，孩子一定会更好的。跟孩子说话的时候不要急躁也不要发脾气，我们有情绪的时候不要对孩子实施教育，在平和的时候再去跟孩子沟通。

对于3~6岁的孩子，我们除了要有平和的情绪之外，还要增加自己的认知见识。因为孩子要开始学各种知识了，为了能和孩子恰当地互动，我们对孩子感兴趣的领域和知识点要进行深入体验。比如孩子喜欢动物，我们就要带他（她）去动物园，一起看动物世界的纪录片，陪他（她）去探索一些动物的巢穴和习性，通过各种渠道找到有深度的关于动物的知识。

对于6~12岁的孩子，我们除了前面的内容之外，还要继续拓宽自己的知识领域。因为这个时候孩子掌握的知识越来越多，我们需要从不同的角度对孩子提问。比如孩子数学题做错了，我们单纯说孩子错了是没有用的，要启发孩子找到更多的解题思路，从不同角度帮孩子分析这道题的关键解题点，这样才能让孩子的思路更开阔，学习效率更高。

各位家长，准备好开启孩子不同凡响的人生了吗？一切从正向积极的暗示开始吧！

如何抓住孩子学习力超强的阶段

你孩子身上有标签吗

我多年前有一个来访者，是一个上初二的男孩，学习成绩很好，但他拒绝上学。他觉得学习成绩对他是一种压力，他觉得自己不行，当下的成绩是拼尽了全力才获得的，他感觉自己坚持不下去了，以后的成绩是不会比当下好的。经过跟他沟通，我发现他身上有一个固化的标签，从小时候起，家里人就说这个孩子虽然很聪明，但是爱偷懒不出力，学什么都不能坚持。有了这个标签后，孩子就形成了一个信念：学习是坚持不了的，越坚持越痛苦。于是他对上学产生了恐惧。他不相信自己能考上大学，也不认为自己会以优异的成绩毕业，他觉得怎么努力也没有意义，不如退学算了。我们之间就这个标签做了大量清理工作，并且重塑了新的标签，"我是在为自己学习的，知识是我的财富，学多学少、学好学坏与任何人无关"。为了帮助他形成新标签，并且固化信念，我专门给他录制了一段脑波训练的音频，让他每天晚上听着睡觉。音频里有一句很有力量的话"我说了算"。大约三个月以后，这个男孩简直变了一个人，他感觉自己特别有力量，他觉得就是自己说了算，完全可以主宰自己的一切。

学习种植期里不可忽视的三个名词

要抓住孩子学习力超强的阶段，首先要知道在哪个年龄孩子该学习什么，怎么教学更有效。3岁以前孩子是全右脑学习的，左脑并不参与，此时是他们大脑细胞吸收力最强的时间；3~6岁，左脑会有20%~40%的工作量协助右脑学习，右脑的学习力仍然保持100%，但是比起3岁以前，学习内容聚焦更加明显；6~12岁，孩子的左脑继续发展，最终达到100%，此时孩子的学习更有针对性和专业性。有了这样的知识我们就会知道：孩子3岁以前是最关键的学习种植期。在此时期里，有三个心理名词值得注意，分别是标签、信念和意图。所谓标签，就是当我们对孩子有了评判，通过暗示不断告之他是一个什么样的孩子，随着次数的增多就形成了标签，这个标签一旦被孩子接受认可，就会形成一个固化的信念，他觉得自己就是这样的人，是不可改变的。随着孩子对自己的认知固化，他对自己的定位和个人形象塑造就会是消极的，从而影响他达成目标的能力，也会让他时时产生负向意图。所谓意图，就是我们对未来规划的真实想法，总是有负向意图，陷入生活困境是毋庸置疑的。

我曾经被人定位为一个胆小懦弱、反应慢的孩子。有了这样的标签，我做什么都觉得自己不行。当老师说我表现很好，可以做小队长时，我立刻拒绝了，我觉得自己这么懦弱胆小，怎么能服众，同学一定不听我的；后来老师觉得我的运动能力特别好，让我去参加校运动会，我觉得自己反应慢，不可能获得好成绩，到比赛时，我的成绩果然很差；我上学时每一次日常考试成绩都不错，可是一到大考就掉链子……毕业后我被分配去医院工作，先到急诊室实习。那里都是急症病人，我当时就感觉自己不行，这么多人都是急症，我能力这么差的人能干得了吗？当大量病人涌向我的时候，果然师傅不断地在责备我动作太慢，她越说我，我越觉得自己反应慢，真不行。由此可见，标签一旦在我们心中形成就很难去除，它会影响我们一生。

给孩子贴好正向标签，种植正向信念

在不同的年龄段，我们应该如何给孩子贴正向的标签？如何给孩子种植正向的信念？

3岁以前的孩子是全右脑的，他们喜欢行为体验，好多"危险"的探索行为都会被我们阻止，如孩子想去动电插座的行为。孩子的探索行为在屡次遭到我们的制止后，在孩子的潜意识中就会种植一个标签信念：周围是不安全的，大胆探索是错误的。这会严重影响孩子以后的学习力。所以，我们最该做的是教会孩子，而不是"保护"孩子。比如针对孩子动电插座的行为，我们可以在拉下电闸的情况下，拉着孩子的手教他如何插拔插头，孩子通过不断地练习就形成了一个新的标签信念：我可以勇敢地探索学习，我是被支持的。此时我们要给孩子加强这个标签，及时肯定孩子动手能力强的表现，肯定他的勇敢，这样孩子在将来的学习中就会很有行动力。

3~6岁阶段，我们要针对孩子在学习过程中的认知结果做加强。比如孩子行动总是很慢、磨蹭，你与其说孩子慢、磨蹭，还不如肯定孩子做事总是那么认真细致，同时告诉他速度如果能再快一点，结果就更好了。孩子因为得到了鼓舞，速度一定会提高，同时还会保证认真细致的过程。

对于6~12岁孩子的行为，我们要给予更多正向的加强。此时孩子可能开始出现上课听讲不专注、回答问题不积极、学习成绩不太好的表现。如果此时我们说孩子学习差劲，表现不好，就会给孩子贴上"学习差、不省心"的标签。我们可以改一个说法：学习是马拉松，每天能进步一点点，今天的你比昨天好一点就可以了。这个持续勤勉的标签会让孩子感到有力量，易坚持。

标签既可以塑造一个孩子，也可以毁灭一个孩子！标签加强次数多了，就会形成终生的信念。如果这些信念都是正向的，我们孩子未来的生活还能不好吗？

好情绪是所有教育方法的前提

情绪影响问题的解决

我们在教育孩子的时候，经常会因为控制不了自己的情绪，而把教育孩子的过程变成发泄情绪的过程。有了情绪，孩子就产生了对抗，在你来我往中，我们就忘记了解决问题这件事。教育没有效果，不是方法不对，而是我们一开始的场景设置有问题。如果我们一开始就把场景拉入了情绪战争中，问题的解决必然会滞后。

情绪被触发的后果

如何才能让我们在教育孩子的时候不情绪化，而专注解决问题呢？我们需要先了解一下情绪是如何产生的，又是如何被孩子触发的。情绪是由感受引发的，而感受通常来源于评判。比如我们下班一回家看到孩子在看电视，这时候我们就产生了一个评判：孩子没有学习，在浪费时间；感受就是孩子不懂事、不听话；扩大联想就是因为现在没抓紧时间，晚上睡觉就会晚，烦躁的情绪随即出现了；我们发出的声音就变成："怎么看电视不学习，快去写作业！"孩子说："没有作业，我在学校写完了。"此时我们不愿意承认自己判断有误，而是要搜集更多的证据证明自己正确。我们会接着说："写完作业就要看电视吗？别浪费时间，去复习！"我们完全忽略了孩子在学校努力完成作业的结果，孩子备受打击。之后孩子会不情愿地关上电视，走到书桌旁，一路磨磨蹭蹭，一会儿看看这儿，一会儿看看那儿，就是不开始学习。这些表现加剧了我们的情绪，我们会说："来，我要跟你谈谈，为什么不珍惜自己的时间呢？你知道时间是要用来学习的，你看电视这件事已经错了，现在让你去复习，你还磨磨蹭蹭的，半小时过去了，什么事也没干，你想干什么？"

以上这段对话，你是在帮助孩子解决有效利用时间的问题吗？通过这个案例，来解析一下我们是如何被孩子触发情绪的。回想我们小的时候，放学后，完成一天学习的自己想回到家里放松一下，看看电视、翻翻小人书，但被爸爸、妈妈发现了，他们立刻训斥我们不珍惜时间的行为，说我们不好好学习，然后给我们讲了一堆道理。因为自己一天的努力都被抹杀了，我们当时特别反感，产生了大量的对抗情绪，同时也在潜意识中保留了很多感受，当类似场景再次出现的时候，我们就自动进入原有的情绪模式中，复制我们父母的表现去"对付"我们的孩子了。

如何用好情绪教育孩子

教育好孩子就必须先有好情绪。我们如何能有好情绪呢？先给大家推荐一个方法：每天找到孩子 3~5 个可圈可点、值得肯定赞扬的地方，并一一告诉他。比如孩子早上一起床，迅速穿好衣服，我们就告诉孩子，他的动作很迅速，很会利用时间，很高效。这个评价是中立而有力量的，让孩子做事更有动力；孩子在下一个时间里快速专注地吃完了早饭，我们就应该肯定他吃得快、很专注。这样的正向引导会让孩子感受到为自己负责的好处，之后就会更积极地为自己负责。如果我们一天能给孩子至少三个这样肯定的表达，孩子就会给予我们合作和正向积极的回应。

除了这个方法，我再给大家介绍另外一个方法——教练式提问。我们通过问问题的方式，帮助孩子发现他现在做的事情的意义是什么。比如我们一回家看到孩子在看电视，我们就可以问："你在看什么呢？在看动画片吗？

这个片子你喜欢吗？从这里你能学到什么呢？"孩子说："里面的小朋友特别勇敢，我很喜欢他。""太好了！你喜欢勇敢，对吗？能跟我说说今天在学校里你做过什么勇敢的事吗？"孩子就会跟你说今天在学校里老师提问，自己很勇敢地回答的过程。"太棒了，孩子，我也觉得你很勇敢，还有吗？""今天我参加50米赛跑，我跑得很快，摔倒了，可是我没哭。""你真的很勇敢，还有其他要分享给我的吗？""今天我拿了同学的橡皮，后来我主动送还给他，还给他道歉了。"跟孩子有这样的提问互动，孩子就不会再看电视了。

管理好情绪，掌握好方法，教育好孩子，一起成为情绪平和的好父母！

第二章

孩子穿衣的情绪管理

我们创造了自己遇见的一切

我们都在被吸引力法则所吸引

这个标题来源于一本名为《秘密》的书，书中只讲了一个重要的道理——吸引力法则。吸引力法则的核心内容是我们内心当下的感受是可以吸引与之相应的事情发生的，只要我们心里一直在想，一切都会变成现实。书中提到有些人很负向，想象自己被车撞了，然后就真的发生了交通意外；还有些人想自己是不是会投资失败，结果真的失败了；还有些人想象自己恢复健康的样子，他们就由疾病状态恢复到了健康状态……这一切都是在告诉我们：我们在创造了自己遇见的一切。这个原理在我们的生活中，尤其是教育过程中体现得特别明显，因为孩子和我们之间的互动模式就是这个法则，我们称之为"取悦模式"。

吸引力法则在孩子成长中的应用

7岁以前的孩子，他们很喜欢跟父母互动，尤其喜欢用自己的行为模式来"满足"父母内心的情绪模式。举个例子，妈妈今天在办公室里很不顺利，有很多烦躁的情绪。回家一进门，虽然嘴上在平静地说：宝贝，妈妈回来了，但是孩子已经感受到妈妈心里的烦躁情绪，"我要怎么做才能'满足'妈妈，激发她的烦躁情绪呢？"这就是孩子的取悦模式，这种取悦是为了激发妈妈内心的情绪，帮助妈妈觉察并修正自己，并不是为了让妈妈变高兴。接下来孩子会用大哭大闹或各种我们无法理解的行为方式来触发妈妈的烦躁情绪，直到妈妈完全爆发为止。但如果场景转化为妈妈今天过得心平气和，回到家中时，孩子感受到妈妈的平和，他就会找个地方自己玩，以满足妈妈平和安静的需要。

接下来，我们再深入一点。孩子和我们的互动不仅仅是用他的行为模式，还会以身体健康来完成我们的情绪模式投射。举个例子，很多人都忌讳对别人说，孩子近期的身体很健康、没生病，因为每次说完，孩子就会生病。这个问题发生的根源是什么呢？我们在跟别人说孩子健康的时候，我们内心是不相信的，我们心里有一种担心的情绪，担心孩子会生病，这种担心的情绪孩子会捕捉到，他们会调整身体状态来满足我们的担心，结果是孩子真的生病了。我有一个来访者，是个内向、不爱说话的 15 岁女孩，几乎没有朋友，跟同学的关系也比较疏远。我了解到她 3 岁左右的一段经历，某天她在小区玩的时候，有一个邻居夸她漂亮，一旁的妈妈立刻就说别这么夸她，哪漂亮了，就是个普通孩子。过了几天，妈妈的一位朋友又说这个女孩好看，妈妈立刻说孩子不好看，比起朋友家的孩子差远了。这位妈妈的谦卑在孩子的内心深处种下了一颗卑微的种子，孩子总是带着自卑感活着。当她和朋友、同学一起聊天的时候，自卑感会涌出，这就让她无法自然地融入人群。可以说，我们跟孩子之间的互动处处在诠释吸引力法则的真谛。

如何有效利用吸引力法则培养孩子

既然吸引力法则这么强大，我们该如何有效利用这个法则来更好地完成家庭教育呢？

第一，快速平衡情绪。情绪是吸引力法则的根源，随时随地保持平衡的情绪，才能吸引同样平衡的资源来到我们身边。快速平衡情绪的最佳方法是五行穴位敲击，这是一种根据中医五行原理，通过敲击五个不同的经络开启快速平衡情绪的方法。

第二，设定正向积极的意图。明确自己想要什么样的孩子。这不是一个泛泛抽象的概念，比如我想要一个优秀的孩子，我想要一个成功的孩子，这些描述都不够具象。我想要一个有道德、有信用、善于思考、勤动手、平和有力量的孩子，这样的描述精准，才会给我们带来更具象的画面。

第三，想象自己的孩子已经成为我们想要的样子。每天至少要想 1~2 次，尤其是在对孩子有情绪的时候要专注地去想。你想孩子是坏的你就会得到坏的，可是如果你想的是那个已经成为有道德、有信用、善于思考、勤动手、平和有力量的孩子，你也就会得到这样的孩子。

最后，请写下孩子身上的 50 个优点，当你能够全部写下来的时候，你会感觉你拥有了世界上最好的孩子。

有一种冷叫你妈觉得你冷

怕冷的到底是孩子还是妈妈

天气一转冷，妈妈们就特别害怕孩子着凉，于是把孩子裹得严严实实，生怕孩子生病。这让我想起一句话：有一种冷叫你妈觉得你冷。

有一个朋友向我求助，她的孩子大约两岁，只要天气一降温，她就把女儿包裹得像粽子一样，小脸红扑扑的，可是没过几天孩子还是生病了。她不懂为什么这么悉心照顾的结果还是如此。

另一个场景是我在小区见到的，一个 8 岁的男孩准备去上学，孩子妈妈非要让孩子穿上羽绒服，男孩坚持说自己不冷，最后和妈妈奋力对抗，妈妈很生气地训斥儿子："要是不穿，你冻感冒了，别来找我……"母子在小区争执很久。到底怕冷的是孩子还是妈妈？冷就一定会生病吗？

三种情况，看你中招了哪个

1. 错把担心当成对孩子的爱

很多妈妈总是担心孩子会生病，只要周围有流感发生，她们就会坚信不疑地认为自己孩子也会被传染，虽然嘴上不说，但是心里已经相信了，于是孩子可能就真的生病了。母亲的状态之所以会影响孩子，是因为母亲在孩子3 岁以前是孩子获得安全保护的源头，孩子从母亲那里可以得到安全的支持和踏实的感受，通过这样的互动，孩子会感觉很安全，并相信自己可以对自己的健康及这个世界有独立的掌控能力。但是如果母亲是焦虑和担心的，孩子本着与母亲之间的"取悦模式"，会用自己的实际行动来满足母亲的焦虑和担心，经常生病就是最好的方式。

2. 想用物质生活的关心补偿对孩子陪伴的不足

父母都很忙，很难全身心地陪伴孩子，因此难免产生愧疚心理。就像有一对夫妻工作很忙，经常飞来飞去，他们照顾孩子的时间少，就很想补偿，除了经常买很多高级玩具给孩子，还会关心孩子的冷暖问题，他们给孩子穿很多衣服，孩子还是会生病。他们说是孩子体质弱，事实是孩子穿得太多出汗了，被风一吹就感冒了。这种结果，是父母补偿心理对孩子造成的最大伤害。

3. 不了解中枢神经系统的体温调节功能

孩子小的时候都会发高烧，但是成人发烧时基本不会有太高的温度，是因为我们的中枢神经系统发育健全了。中枢神经系统是感知温度的调节开关，孩子在 3 岁以前，基本是不知道冷热的，而且汗腺发育也不完全。幼童身上汗腺分布很少，孩子身体又由于一直运动热量很高，所以一旦发烧就容易出现高热的现象。有一个朋友，她就害怕孩子发烧，感觉只要孩子发烧就会发生惊厥，因此，孩子每次发烧就不断地给他吃药。有一次她用酒精给孩子擦浴，擦完孩子就抽搐了。她认为果然高热会造成惊厥，但到医院才知道，是因为酒精让身体毛细血管瞬间收缩，才发生抽搐，并不是孩子高热造成的。所以对于生长发育未完全的孩子来说，最重要的是父母有护理的一些基本常识，而不是想当然和焦虑。

用心感知和关心孩子，了解比单纯地给予更重要

父母应该了解孩子的身心发展规律，这样不但在生活上能真正地照顾好孩子，更能在孩子身心健康发展上给予很好的支持和陪伴。

经常听到身边很多妈妈在家里问孩子今天在学校吃了什么饭、吃饱了没有。孩子的回答都很敷衍。表姐女儿小的时候，家里人也这么问她，每一次她的回答都是米饭。家里人就很生气："你这个孩子中午吃什么都不记得，学东西能记得吗？"听到这些我们有什么样的感受？孩子是在认真地跟我们互动，还是敷衍我们？之所以敷衍，是因为我们是在用一种敷衍的方式爱孩子。关心孩子可不只是在冷暖上，更重要的是了解孩子："为什么他不愿意穿那么多衣服？"

我有一个朋友，孩子身体很健康，问他是怎么做到的，他说摸摸手脚就知道。只要手心、脚心是微凉的，那么孩子现在身体状况就很好，一定不能让孩子热，只要热了什么病都容易生。不但容易感冒，还会上火。孩子的健康真正出自我们对孩子"粗心大意"；孩子发烧的时候，只要不忙不乱地给孩子先贴退热贴，然后反复给孩子用高于体温的水泡脚、擦浴降温，加上大量喝水，基本都能控制非病毒、细菌引发的高热。

父母的淡定、平和是孩子健康的原动力。孩子生病不可怕，只是一次自

身免疫力提高的训练而已。可怕的是父母焦虑的情绪让孩子对生病产生恐惧和担心情绪，这种恐惧和担心会跟随孩子一生。

为什么要帮孩子挑衣服

对抗还是屈从？为什么孩子总想拒绝我们的挑选

我带孩子逛商场买衣服，有个妈妈也在帮孩子挑衣服，她不断地拿各种衣服往孩子身上比，孩子就像木头人一样站在那儿。我不太清楚这是给孩子买衣服，还是给她自己买衣服。总之，每一件衣服放到女儿身上的时候，女儿都是带着无奈，甚至带着愤怒的情绪在做回应。而我的两个孩子在一边自由地挑选心仪的衣服，喜欢与否自己决定，我只负责埋单。看着我的两个女儿自主选衣服的样子，能感受到那个孩子从内心深处迸发的羡慕、嫉妒、恨。

错爱，是我们的偏好和执着禁锢了孩子

给孩子挑选衣服几乎是很多妈妈的习惯和偏好，她们总是认为自己选的衣服一定是最适合孩子的，在给自己孩子选衣服这件事上，没有人比自己的眼光更好了。老邻居家的女儿小时候喜欢自己装扮，她有很多衣服搭配的方式，但是邻居总想给她纠正过来。因为在她心中女孩就应该是公主，公主就该穿粉红色，那是她童年从来得不到的颜色。于是就给孩子做了很多选择：衣服买粉色，裤子穿白色，看起来太像公主了。随着年龄长大，孩子就不太愿意配合邻居了，觉得这样不漂亮。其实，很多妈妈非常渴望从孩子的身上找到自己小时候的身影，于是她们将这种错爱放到孩子身上，往往就会把自己对某种衣着风格、款式、颜色的偏爱和执着强加给孩子，并且只有一个

理由：我觉得你穿着好看。可是我们不曾觉察，这并不是孩子的想法或者不一定就是真适合孩子的衣服，而是我们想要在孩子身上实现没有被满足的愿望。如果孩子不选择，我们就会感觉失落，如果孩子能选择，我们内心的缺失就被填补了。

有一位来访者的孩子已经八九岁了，因为孩子没有精神，没有活力，她来向我求助。那个孩子看起来确实不太像这个年龄段应该有的样子。当时孩子身上的装束让我印象深刻，非常优雅、大方、漂亮。可我在跟她交流的时候，发现孩子有时候想要做一些动作，却好像伸展不开。我意识到可能跟衣服有关，我就问孩子的妈妈是否喜欢正装，得知孩子妈妈不但一直把女儿装扮得很优雅，而且从未让孩子穿过运动装。经过给孩子做情绪疏导，在我的建议下，妈妈给孩子买了一套运动装，并且是孩子喜欢的芭比图案。后来复访的时候，我看到孩子脸上漾起笑容，很有活力，声音清脆甚至充满了喜悦。孩子的改变也让那位妈妈做了很深刻的反思：是因为自己对服饰搭配的特殊偏好禁锢了孩子，让她成了和年龄不相匹配的自己。

允许孩子用自己的方式展现自己的美

孩子 2 岁开始有自我意识发展的表现，这是孩子成长的信号。2 岁左右，孩子会明确意识到"我"的存在，也意识到"我"是有着自己的想法、愿望的，可以和他人不同。3 岁左右孩子还会出现审美的敏感期，对美的认知正式开启。高级的审美能力不是天生的，需要后天给予很多美的见识和体验，比如大胆让孩子自我装扮，带孩子看有创意的美术展览，给孩子看各种漂亮的画报，借此不仅能培养孩子的独立能力，还可以培养出一个会展现美的孩子。

引导孩子逐渐成长为一个既自主又懂得遵守规则的人，让孩子懂得不同年龄段穿不同风格衣服的原因，不强迫孩子，避免压制孩子的独立意识，用孩子喜欢的方式引导。有一个男孩，从小就幻想自己是英雄，总是想穿一些古代大侠的衣服，比如长袍、长靴，甚至还想留起长发束起来。这种不合时宜的装扮他父亲自然无法满足，于是来向我求教。我告诉他，首先要肯定孩子想做英雄是一件非常棒的事情，是很值得让人尊敬的，穿着一套与当下社会环境匹配的英雄服装，是不是也可以呢？我建议试试迷彩服，果然一位英姿飒爽的小男子汉诞生了。后来这位父亲说，这样引导的效果非常好，孩子现在的性格真的很有"男人味"。

允许孩子用他的方式展现自己的美。就像我的女儿，即便有时候她确实搭配得不太好看，我也能完全接纳。当不能接纳的时候，我不是试图去说服她，也不想改变她，而是调整自己的情绪。请记住：我们的生命活力应该在自己的生命里绽放，不应该由孩子替我们延续。

如何让孩子的品位超过我们

孩子穿衣的"奇葩"审美观

有一个阶段，我家孩子会胡乱穿搭衣服，什么衣服的颜色跳跃冲撞，她就把它们搭配穿在身上。比如说红袄搭绿裤子，再穿上一双黑色的皮鞋，戴上一个白色的头饰。在我们大人眼里，这种搭配确实很奇怪，可是女儿并不在意，反而觉得很美。后来还有段时间，在很冷的冬天里，她执意要穿纱裙上街。全家人都不让她出门，只有我建议她出去试试。果然刚出门就跟我说冷，然后返回家里，纱裙没脱，只在外面穿了条裤子就出门了。这个过程中她很满足，但从此之后也越来越有自控力，审美能力也随之提高了。

有一次表妹的女儿在我家，出门前她穿了一件很长的毛衣，这种尺码对她来说还不太合适，又加了一条丝巾，最后又戴了个小礼帽。表妹说什么也不同意她这样穿搭，但是孩子穿上之后就觉得自己特别美。当时我问孩子这样装扮是从哪来的灵感，她说是自己内心深处的感受，我当时就感觉很崇拜。虽然孩子的"奇葩"审美观对大人来说有些"惨不忍睹"，但是我们应该知道，一个懂得感受美的孩子的品位将来怎么样都不会太差的。

孩子的品位是父母决定的

孩子的品位其实是由父母决定的。我们要知道，即便父母的品位不高，也可以培养出高品位的孩子，只要我们不去阻拦孩子，以他们的方式来获得高品位就可以，孩子品位的塑造最大障碍就是父母的限制。我的第230号来访者的女儿不自信，觉得自己很卑微，已经15岁了却很害羞。这个女孩长相挺好，可是衣服却穿得老气。我问她衣服是谁的，她说是妈妈的。不穿自己漂亮裙子的原因是妈妈很担心打扮得太好看容易被坏人盯上。孩子班里有很多女孩穿很漂亮的衣服，她很羡慕，可是一想到有危险就选择放弃了。做完孩子妈妈的工作后，孩子第二次来找我的时候穿得特别漂亮，那种本来的美就展现了。孩子非常兴奋地说她特别喜欢现在的自己，也更有自信了。一个简简单单的担心就断送了孩子一生的品位，还让孩子不自信，代价实在太惨重。

女儿的一个同学是个爱漂亮的姑娘，可是她的妈妈却认为孩子打扮很浪费时间，而且还会招蜂引蝶。有一天女孩的妈妈找到我，问怎样能让孩子把注意力都放在学习上。我说你想让她好好学习，就先让她漂漂亮亮地去见人。虽然都穿校服，为什么不能在自己的帽子、头饰、鞋、内衣的搭配上做些工作呢？那位妈妈认为这样做很浪费时间，我告诉这位妈妈，如果一个人装扮得体，她就会由内而外感觉到自己的价值，这时的她做什么事情效率都不会低的，女孩的妈妈听完之后决定放手。果然，这个孩子不仅充满自信，效率提升很多，成绩也一路攀升，后来还当选了班干部。

为什么我们总想限制孩子发展他们的高品位呢？首先就是像刚才那个妈妈一样出于安全的担心。其实父母的潜意识里还担心孩子的品位提高了，与我们内心之间的距离拉大了，沟通会受阻，感觉失去了孩子，为此父母会拼命地去掌控，以寻找自己的安全感。演艺小明星王源的妈妈曾经接受了一次专访，她说如果再有一次机会做选择，她一定不让孩子进入演艺圈，她感觉已经和孩子失联了。而王源则觉得自己很幸运，如果再做一次选择，他还会一样把握。孩子是蓬勃积极的生命，是自由灵动的精灵。孩子的独立成长一定伴随着我们渐行渐远的亲子关系，但是并不是我们想象的失去了孩子，我们只是和孩子之间有了界限而已。

提升孩子的品位，从自己做起

孩子在成长，我们不能停止成长。自我提升品位最好的方法就是多读书，用知识来拓宽我们的认知局限。我身边很多同学已经有十几年没读书了，当然也不学习，而我仍然保持每天一个半小时到两个小时的学习时间。做家务时我都在听书，孩子们也被我带动感染着。另外我们还要多接触当下的流行元素，与时俱进。一个同事经常对自己孩子的穿衣打扮品头论足，批评这儿不好看，那儿搭配得不好，但是在我看来那孩子真的搭配得挺得体。我能够理解的是我同事的认知是有局限的，她对流行元素一点都不熟悉，孩子却经常接触，这样的两个人很容易因意见分歧发生争吵。我建议同事把认知再拓宽一下，根据孩子的兴趣去学习了解，有共同语言，总比有"战争"对家庭有帮助。同事听从了我的建议，也虚心去学习，结果她越来越觉得孩子的品位高于自己。现在她买衣服都让孩子帮着选，家庭的和谐与日俱增。

作为父母，我们的责任不仅是教育好孩子，最重要的就是教会孩子拥有幸福的能力！

为什么没法接受孩子的奇装异服

穿奇装异服就是坏孩子吗

小玉是一个初三学生，最近喜欢上了在老师和家长看来都属于奇装异服的穿着。她妈妈很生气，认为这样穿不体面，并且制止她穿那样的衣服，她却振振有词地说妈妈落伍了。最后引发了一场持久的家庭大战。后来小玉的妈妈发现，不但小玉，周围的很多孩子也这样穿。可见环境对成长期的孩子影响是非常大的。

我小的时候有一个同学长相很美，但就是打扮有点不能让人接受，用我妈妈的话说就是"奇装异服不像样"。她有很多非常漂亮的衣服，我妈妈都说那是奇装异服，并且千叮万嘱我别跟她学。当时我对穿着就有了一个认知：原来打扮时髦的人就叫穿奇装异服。这个同学后来考取了职业学校，很早就开始独立赚钱了。有了妈妈这样的引导，我认为衣服一定要穿得普通普通再普通。我有很多年对自己的穿着打扮都很不在意，尤其拒绝那些看起来比较花哨、真的很像奇装异服的衣服，很难突破那个界限。

其实很多成人在教育孩子的过程中，都被"奇装异服"这个词的传统认知带偏了，会教育孩子说穿奇装异服的孩子是坏孩子，他们的装扮是有问题的，而且很多媒体和影视作品也会引导我们进入这个认识误区。我们只不想孩子陷入他人的评论中，而忘记了孩子还需要个性化的展现。

了解你的孩子为什么会喜欢奇装异服

孩子们需要展现自己的个性，如果个性没有被展现，会出现什么样的结果呢？

我有个来访者是个 12 岁的男孩，这个男孩长得人高马大，可他说班里的任何一个人都可以欺负他，包括女生，这让他感觉很难过，他想转学，甚至不想上学了。一个高大的男孩，为什么声音总是那么细软呢？他告诉我一个细节：小的时候因为长得像女孩，家里人经常给他穿女孩的衣服，他也很喜欢各种特异的服装；长大一点的时候对奇装异服的理解又升级了，开始自己设计很多款式和很有创意的衣服，不料却遭到了家人的警告和反对，这让他感觉自己以前的装扮以及审美观都被推翻了。孩子的爸爸、妈妈向我咨询的时候，我建议他们放手让孩子自己做决定，并且按照他自己的喜好来打扮自己。这个男孩开始把自己设计的衣服穿在自己的身上，还会大胆地参加各种动漫真人秀，慢慢地这个男孩就从胆小怕事的状态变得自信满满了。

9~14 岁，孩子们就会进入服饰装扮的个性展示期，引人注目的装扮会让孩子感觉有成就感。女孩开始学习化妆，男孩开始注意发型。为了不让这个时期的孩子把注意力过多地消耗在服饰打扮上，学校就开始让孩子统一穿校服了。在这种情况下，父母怎么做既可以帮助孩子展示他们的个性，又可以正确引导他们建立自己的审美观呢？

我大女儿一直都很喜欢打扮自己，小学低年级的时候总是喜欢在校服上贴小图案，而且经常变着花样地贴，我会肯定她的做法，并且建议她选择怎样的图案更好。比起在大人眼里穿着是否好看，我认为孩子的创造性天赋和审美眼光的培养更为重要。大女儿有一次参加家庭聚会，饭后一直躲在角落给自己化妆，亲戚提示我说不应该让孩子这么早化妆，我却觉得早点知道什么叫美挺好的，只是我需要找个专业老师指导她。我心里知道，女儿能当着我的面去做这件事，说明她是坦诚的，而且想学习。生活中处处是技能，学会了总比不会强。那次聚会后，我很正式地跟女儿提出，初中毕业之后，给她找专业的化妆老师教她怎么化妆。现在女儿基本不太化妆了，她期待着初中毕业后的专业学习。

很多事不是不能做，而是引导孩子怎么正确地做。

培养孩子成为生活的主角

一个孩子的个性展现是很重要的，如果单纯靠我们的社会习惯以及传统思想去要求孩子，很容易造成孩子性格上的压抑。他们理应有自己的观点，成为生活的主角。

我们要允许孩子按照自己的审美观打扮自己，允许孩子自己挑衣服，可以积极去向孩子请教，让他告诉你装扮理由，同时也来梳理一下自己的思路。不妨让孩子帮你出出主意，怎么能让你看起来品位更高，你还可以跟孩子一起去参加一些相关学习，让孩子懂得真正的装扮艺术，当孩子理解了真正的美是什么的时候，他就会忘记那些异样的美，并会努力提高自己的品位。

让爱臭美的孩子绽放艺术天赋

爱臭美的孩子容易学坏吗

我大女儿是一个很爱臭美的孩子，同样是每天穿校服上学，但她总是精心装扮自己：衣服不能有褶子、不能脏；头发要一丝不乱；脸上有痘也要清理干净，一定要让自己以最完美的形象走出家门。我从来不说她臭美、浪费时间，也不担心影响学习，更不会担心她会学坏。

我之所以会有这么坚定的力量去支持她，是因为我认识一个特别积极乐观的男孩，他14岁。第一次见到他的时候，我感觉有一个小太阳在向我绽放光芒，非常温暖。我告诉他，他是我见过的穿戴最整洁、衣着最有品位的优秀男生。我问他妈妈是如何培养出像他这么优秀孩子的，他妈妈告诉我说自己儿子非常爱臭美，当时也很担心他会学坏、耽误学习，但是当看到儿子把自己穿戴整洁、装扮别致后，整个人的精神状态很自信，就决定支持他了。孩子妈妈从来不给他买贵的东西，但一定是看起来很有品位的东西，也从来不按照自己的想法替他做准备，虽然这种做法引起了很多家长和老师的非议，但是当她看着孩子每一天都是那么乐观积极，就知道自己的做法是对的。有了这个男孩的例子，我对女儿的支持也就变得理所当然了。

从平衡法则中了解"爱臭美的孩子"

在这个世界上有一条平衡法则，就是指万事万物皆有其存在的道理，并且都有好和坏两面，如果我们只想得到好，却不能接受坏的存在，就会打破平衡，给我们带来麻烦。我们最应该学会的是发现并利用坏的资源中对我们有助益的部分，帮助我们提升自身价值，让我们的生命品质圆满丰盛。一个爱臭美的孩子从表面看是"坏"的资源，但是如果我们利用好了，将会帮助孩子绽放他们的艺术天赋。上面案例中14岁的阳光男孩，后来考取了国际著名的一个艺术院校，主攻美术专业，成绩斐然。还有另外一个案例，我的176号来访者是个小女孩，人长得很漂亮，手工做得特别好，虽然女孩只有11岁，但是手巧得让人叹为观止。但就是这样一个孩子，却不爱说话，跟任何人都不做朋友。原因是有一次小女孩很兴奋地把她精心制作的一个手工作品带到学校，在上课的时候被同学传看，因为太精致，大家都爱不释手，忍不住讨论起来，此举引起了老师的注意，结果手工作品被没收了，老师还狠狠地批评了小女孩，说她学习成绩之所以上不来，就是因为把精力放在了没用的事上。从那之后这个孩子就不太愿意说话了，她觉得自己真正擅长的东西，在同学和老师那里反而还会给自己带来麻烦。我能感受到那孩子制作手工作品的过程，是把她对这个世界美的认知以及无条件的信任，完全融为一体的过程。在这件事情上，只要能得到相应的肯定和嘉许，她的创造力就可以无限绽放。后来我把自己的一个小型会议室提供给女孩，建议她把所有的手工制品汇聚起来做一场展览，周末的时间邀请她的朋友去参观。她为了让展览更有氛围，还特意定制了缎带、丝绸、花边、纱巾和蝴蝶结，将整个会议室装饰得特别有格调，那些受邀参观的家长和同学赞叹不已，纷纷给予女孩真心的赞赏，还直夸她妈妈教育得好。女孩的这次大胆尝试，让她感受到了自己真正的价值所在，知道外界那些不公正的评判并不能阻止自己天赋的绽放。而我那天也发现了一个秘密：当我们能让一个孩子把他"臭美"的天性发展成艺术天赋的时候，孩子大胆接受各种困难挑战、不受任何外界负面评判影响、自信乐观地展示自己的特质就自然而然地显现了。

如何塑造一个绽放艺术活力的孩子

（1）欣赏我们孩子臭美的样子，肯定他们臭美的创造力，尤其是创造之后的结果。我曾经跟女儿去看了一场时装秀，回家后，女儿就把她的衣服和我所有的丝巾都拿出来进行"创作"，搭着搭着调调就出来了，她的个人风格定位也初见端倪。

（2）和孩子一起学习，一起臭美。我经常带孩子参加鉴赏活动，让孩子学习一些鉴赏知识，虽然我不懂，但是却在跟孩子一起学习的过程中提升了我对美的认知。

（3）带孩子寻找最新的设计理念。比如通过家庭软装饰，一点小创意，可以让整个生活氛围发生大改变。这样不仅会让孩子的品位得到提升，还能让孩子对美有更充分的认知。

与其扼杀孩子"爱臭美"的天性和创造力，不如借机塑造一个绽放艺术活力的"天才"，这才是我们在教育中最该做的。

第三章

孩子吃饭的情绪管理

面对挑食的孩子如何做到不吼叫

每次吃饭都像打仗

我帮助过的 136 号家庭，来访时孩子 7 岁，名叫轩子。轩子是一个典型的吃饭有问题的孩子。因为是独生子女，轩子出生后一直被两代人宠，每次吃饭都是孩子跑到哪里，爷爷、奶奶就追到哪里："轩子快点吃，等一会儿就凉了。"轩子跑去看动画片，爷爷、奶奶就追到电视机前，孩子想玩玩具，就追到玩具堆里……上小学前，每次吃饭就像打仗，一口口地哄，甚至追着喂，吃一顿饭非得花一小时以上，弄得家里人仰马翻，客厅、餐厅到处都是饭粒。从开始吃饭到孩子 6 岁，爸爸的主张是多给孩子吃些肉，这样身体长得快，而家里其他人都是孩子想吃什么就给做什么，甚至碰上哪顿孩子不喜欢吃或闹情绪不吃，爷爷还说："都是奶奶不对，做的饭咱们家轩子不爱吃。"然后一家人张罗着再给孩子做他想吃的东西。孩子 6 岁后，家长终于意识到这样纵容孩子是不可以的了。"看人家隔壁的芳芳，每天吃饭都很乖"，轩子的爸妈又羡慕起了别人家孩子，越对比就越着急，但是"小皇帝"却早已养成了不好的习惯。由于急切地想改变，轩子的爸妈从劝说无效开始变成了命令、教训、吼叫，希望用这种令孩子害怕的方式来改掉孩子挑食、吃饭不专心的毛病。然而慢慢发现，孩子越来越胆小，性格也发生了变化……

原来，我们错怪了孩子

孩子挑食、偏食是极常见的现象，像轩子一样的孩子在我的受访者中不在少数，而多数父母都是从拿孩子没办法到用命令、指责、吼叫的方式来教育孩子好好吃饭，最后的结果可想而知。

父母认为吃饭是对身体健康最大的支持，父母担心孩子因为挑食、偏食而不够健康，这就是我们在孩子挑食时产生情绪的根源之一；第二个根源就是跟别人家孩子比较：某某家的孩子很爱吃饭，看看咱家的孩子不爱吃饭，一定要让自己孩子胜过对方的孩子。于是我们就会越过孩子身体的需求来逼迫他吃饭，这就是我们的情绪在阻碍孩子的成长。还有就是因为孩子吃饭要吃得好，要求我们做饭做得精致，这太麻烦了，哪有那么多时间给你做那么多好吃的！所以当孩子挑食的时候，我们不会说是自己的饭做得不够好，不会说是自己无条件满足孩子养成了他们的小皇帝病、小公主病，相反，我们会说是孩子的毛病太多。

5个不吼不叫的妙招，让孩子爱上吃饭

1. 尊重孩子的需求

尊重孩子的需求，最好的方法就是让孩子按照自己的喜好去吃饭，别跟他说大道理，也不强求他。孩子吃饭是基于自己身体的选择，不要试图说服孩子让他越过自己的身体需求去做食物的选择。就像我们成人也有这方面的需求，比如女性在生理期开始之前特别喜欢吃辣的或喜欢吃甜的食物或冷的食物，生理期结束之后这些需求就不见了，所以我们应该尊重孩子在不同时期身体的内在需求。我朋友的孩子不吃海鲜，这让朋友很担心。我告诉她，只是孩子此时不需要，等他需要的时候就会吃了。果然，4岁以后，孩子开始尝试吃海鲜了，现在7岁什么都吃了。

2. 身体力行地先做到不挑食

父母一定不要在孩子面前议论什么菜好吃、什么菜不好吃，自己爱吃什么、不爱吃什么，不要让父母的饮食嗜好影响到孩子。我们去买菜的时候经常是买自己爱吃的，这其实就是挑食的表现。每天做菜的时候有一半是爱吃的，一半是不爱吃的，通过自己的身体力行示范，孩子也会做到不挑食！我

妹妹和妹夫特别爱吃肉，外甥自然对肉特别有好感，夫妻俩总是抱怨孩子不吃菜。经过观察，我发现他们吃菜吃得也不多，就提醒他们要先做好榜样，才能引导好孩子。当他们吃更多的菜的时候，孩子也开始吃菜了。

3. 用游戏的方法让孩子爱上吃饭

我虽然从事教育工作，我也一样会遇到孩子的挑战。其中让我记忆深刻的就是老二挑食的问题。

老二在一岁以前对很多食物都充满好感，但自从吃过肉以后，她狂热地爱上了它，不再接受蔬菜，对茄子尤其排斥，每次吃茄子都会出现呕吐。

经过深思熟虑，我精挑细选了一本绘本 *I will never not ever eat a tomato*（我绝对绝对不吃番茄），内容说的是一个叫萝拉的小女孩，很挑食，她几乎不吃任何蔬菜，尤其不能容忍的是番茄。她的哥哥查理发挥自己的想象力，把蔬菜进行了升级创造，最终让萝拉爱上了吃蔬菜。查理把胡萝卜比作木星来的橘色蔬菜，把豆子比作来自格陵兰岛的雨滴，把土豆泥比作富士山顶的云朵。这些有趣的想象让萝拉一下子爱上了蔬菜，连她最讨厌的番茄都被萝拉自己想象成月亮的果汁，并最终成了萝拉最喜欢的食品。我跟女儿一起阅读了这本绘本，受此启发，开始了蔬菜的创造之路。

我调整了饭菜的结构，每天只有一个用很少的肉炒的菜，而且品相很丑。其他蔬菜我会做得很好看，我会把各种颜色的菜炒熟后拼成一个可爱的图案，比如拼一只小猪头，拼一朵花。端到孩子面前时，让她先认是什么图案，再让她选择从哪个部分开始吃。当她吃掉猪鼻子后，我就假装小猪失去了鼻子，捂住鼻子说："不要吃我的耳朵，不要吃我的耳朵。"孩子笑呵呵地拿起两只"耳朵"放进嘴里，一只"小猪头"很快就消失了。

我还让孩子进行充分的想象，想象自己的嘴巴到胃之间有一个巨大的滑梯，自己的胃里有一个旋转木马，这个旋转木马是专门为蔬菜准备的游乐场，旋转木马会不断地邀请不同的蔬菜进入，而进入游乐场的唯一方式，就是让孩子把蔬菜放到嘴里吃下去。随着我们不断升级的想象与创造游戏，孩子最终爱上了吃蔬菜。

4. 提高厨艺，巧妙加工

对孩子不爱吃的食物可以在烹调方法上下功夫，比如注意颜色搭配、适当调味或改变形状等。不爱吃炒菜就用菜包馅，不爱吃煮鸡蛋就做成蛋炒饭，等等。总之要变些花样，让孩子总有新鲜感，慢慢适应原来不爱吃的食物。当一个人对食物充满好感的时候，吃饭就会变成有乐趣的事情，长此以往，孩子对食物的感受就会全然翻盘了。

比如，针对我女儿对茄子的排斥，即便我跟她用了多种游戏方式，她还是拒绝吃茄子。我开始学习茄子的各种做法，红烧茄子、凉拌茄子、肉酱茄子、地三鲜、炸茄盒，每周有一天用不同的做法吃茄子。上菜后我会鼓励孩子先尝尝，如果好吃就继续吃，如果不喜欢可以吐出来。尝试到第五周，她对炸茄盒产生了兴趣，一口气吃了两个。之前我也做过炸茄盒，这次做法不同的是，我在茄盒的外面挤上了番茄酱，她很喜欢。从此她接受了所有蔬菜，并彻底爱上了食物带给她的快乐！我也充分享受了做母亲的快乐和骄傲！

5. 要让孩子自己吃饭

很多时候孩子挑食是因为不被允许自己吃饭，一般孩子在一岁半前后就可以自己进食了，但很多家长为了让孩子吃得快、吃得多，还是会选择喂饭，甚至是追着喂饭，这会让孩子感觉吃饭没有自主性、没有乐趣，不想吃饭。前面轩子的案例就是这个原因造成的。在给父母进行家庭教养辅导的过程中，我首先就要求让孩子独立吃饭，在吃饭的过程中，孩子想吃就吃，不想吃就不勉强，成人不要关注孩子，吃好自己的饭。全家人都很配合，回家后立刻执行。只用了不到一周的时间，轩子就可以坐下来，自己一个人安安静静地吃饭了，虽然吃得少，但会一直坚持吃，一个月以后饭量大增，个头也明显长高了。

孩子是一个独立的个体，和我们有同样平等的权利，只要我们愿意尊重和配合孩子的大胆探索和体验，独立是迟早会发生的事！

为什么那么在意孩子吃饭的事

比让吃饭更重要的是让孩子体会到吃饭的乐趣

我大女儿小的时候，全家人对她的吃饭问题都特别重视，老人和我在家里都是照着书养孩子，孩子要把饭吃完是我们所有人的任务。每天吃饭的时候，都担心她吃得少，因为在我们的观念中，孩子吃饭好，身体才能好。可是经常事与愿违，孩子一边吃饭一边对抗，最早是吃下去吐出来，后来干脆不吃了，再后来一到吃饭就闹，怎么抓也抓不回来，大女儿身体状况也因此越来越差，经常生病。那时的我们从来没想过，孩子有没有一个吃饭的愉快心情，孩子有没有体验到吃饭的乐趣。吃饭好像是在完成任务和目标，吃饭好像是在为我们服务，孩子完全没有自主权，这才是问题的根源。有了这个经验，在有老二的时候我就改了，孩子不想吃的时候就不勉强，不让孩子感觉吃饭像是在受刑一样。后来奇迹发生了，老二对吃饭充满了期待，坐在饭桌上就拍打着手很开心，饭端上来的时候，就大把抓上去，狠狠地塞到嘴里，那种满足的样子真惹人喜爱。

为什么我们的孩子不好好吃饭

1. 你的孩子有积食吗

我的 325 号来访者是个有病态面容的小女孩，孩子的发育已经变得迟缓了。她父母来向我请教的时候，为了让孩子吃饭已经用了各种方法，全都无效。见到这个孩子，我就发现她和我大女儿当年很像，吃饭过程一点也不愉快，而且孩子从来没有被允许自己吃饭，全都是靠大人喂。孩子吃饭没有任何成就感，因为不是为自己做事，她感觉到痛苦。后来我建议孩子的家长在接下来的一周中，让孩子想吃就吃，不想吃不给，所有的加餐都停止，家里不能有零食，只能让她喝水，只要过了吃饭的时间点什么都不再给她吃。小女孩终于在第6天的时候自己喊着说饿了，开始大口大口地吃饭。一个孩子的胃肠功能，尤其是脾胃功能，怎样才能保证它的健康呢？当我们逼迫孩子进食时，很多食物是不能够消化吸收并代谢的，就形成了积食状态。

2. 孩子加餐有定量吗

孩子胃的大小跟孩子小脚丫上穿的运动鞋差不多，鞋多大，胃就有多大。当我们知道孩子胃的容量后，我们在给孩子提供加餐时就要有量的限制了。给孩子加餐的量应该是胃容量的一半以下。比如说加餐时吃一个大苹果，它几乎会填满孩子整个胃，那进正餐的时候就吃不下饭了。另外就是在正餐前的一个半到两个小时给孩子加餐，会帮助食物更好地吸收和身体更快地代谢。

3. 孩子吃饭的时候有视觉刺激吗

孩子在吃饭的时候一定要让他产生视觉刺激，这种刺激也称之为消化系统的条件反射。当我们的眼睛看到美味食物的时候会分泌唾液，唾液里的消化酶会带动胆汁由胆囊进入我们的胃中，形成消化液，帮助分解摄入的食物，待进入肠道，被食物中的营养成分充分吸收后，食物残渣排出体外，这就是我们消化系统的运作原理。我邻居家孩子吃饭的时候总喜欢看电视、玩玩具，身体发育缓慢，很瘦弱。因为孩子吃饭时，食物和眼睛之间的条件反射没有建立，唾液中的消化酶产生不足，也就不能调动足够的胆汁进入胃中进行食物消化，消化液的量和浓度不够，食物得不到充分的消化和吸收，虽然吃进去了，但营养却得不到充分的吸收。

如何帮助孩子好好吃饭

1. 让吃饭成为孩子的一种享受

我小时候吃饭受到很多人的要挟，不是被批评就是被训斥，这导致了我挑食严重。我只吃有限的几种菜式。后来在女儿们尤其是小女儿的教育中，我选择帮助她好好享受美食的快乐。比如提前一天我会让她自己说第二天想吃什么，我一定按照她提供的菜单来准备，每顿饭吃完后，还会让她给当顿的饭菜评星、提建议。长此以往，不但我的厨艺长进了，小女儿对吃饭也有了很多自己的想法，并且还会给出怎么搭配更好吃的建议。

2. 尊重孩子的吃饭节奏

帮助孩子好好吃饭，首先就是要让孩子想吃就吃，不吃别勉强，毕竟那是他（她）的胃，我们得尊重孩子，以他（她）的节奏来完成他（她）的事情。我们不能成为孩子胃的开关。

吃饭是帮助我们更深入地享受生活的开始，美好时光就是让一个孩子从学会尽情享受美食开始。

重视孩子体重的原因是什么

孩子身体壮实就健康，瘦就相反吗

在小区里，两个奶奶正互相讨论着自己家的孙子。一个奶奶说："看你家孩子长得壮实身体好，不生病就是赚了。像我们家这孩子太吃亏了，体重轻而且总是生病。"通过这位奶奶的话，就知道很多人的传统观念是，孩子身体健康与否与体重有着重要的关系，体重轻就代表身体弱，反之就代表身体壮。

体重和身体健康是什么关系

当孩子的体重不增长时，有的家长会怀疑孩子发育迟缓，也有家长怀疑孩子内分泌出了问题，可是很少有人会问为什么我们对孩子的体重如此重视？我们有一个共识，只要孩子体重合乎标准，就代表身体健康。但是我们却忽略了，健康的真正标准是身心健康，而不是体重的生长速度。

我有个邻居体重很大，看起来挺强壮的，而且是个军人，按理说应该身体不错，可有一天看他拄着拐，我问他怎么了，他说不小心崴到脚就骨折了，如此脆弱的关键是体重太大了。

讲这件事就是想告诉大家，一个人的健康与否跟体重关系真的不大，看着强壮的人未必真强壮，而看着有些瘦弱的人还真未必是容易生病的人。体重只是我们身体现状的记录，并非健康的直接展现。另外就是我们要明确体重与遗传基因还有教养方式的关系。我们的体重是跟遗传有关系的，父母很瘦，孩子也很难会胖。我的大女儿曾经有 3 年 1 斤都没长，家里人很担心，怀疑孩子会生病，每次她感冒发烧都会被说成因为太瘦了。我很负责地告诉家人，我们全家都很瘦，孩子瘦一点也很正常。这是遗传基因决定的，胖瘦跟孩子生病一点关系都没有。生病是孩子获得免疫力的一种方式。

如何养育一个身体健康的孩子

养育一个身体健康的孩子其实并不难，只要我们家长注意以下几点：

1. 抛弃过度担心和补偿心理

当我们发现孩子的体重无变化的时候，容易产生担心的情绪。第一担心孩子身体健康受到影响，毕竟我们认为体重跟健康有着密切关系；第二担心别人说我们不会照顾孩子；第三担心孩子营养摄入不够。其实，现在物质极大丰富，孩子的身体不但不会出现营养不良的现象，还要特别注意营养过剩。现在已经不是我们所经历的那个物质匮乏的时代了，曾经的记忆会让我们特别想把所有的好东西都给孩子，以此来补偿我们当年物质匮乏的感受，这跟孩子身体是否缺乏营养一点关系都没有。

2. 给孩子独立成长的空间

我们应该让孩子更多地为自己的体重负责，自己规划未来的体重。小女孩很小的时候就知道太胖了不漂亮，而小男孩却有一个认知，体重大的时候会有力量。男孩、女孩对体重的认知是不同的，家长应该尊重孩子内在对自己体重的需求。别逼着男孩减肥，那样不但效果差，还会造成孩子对食物有厌烦感；而女孩会觉得自己胖，天天喊着要减肥，此时也无须回应，她们只是喊喊，缓解一下体重增长带来的焦虑而已。

3. 相信我们的孩子是健康的

我们要坚定地相信孩子是健康的。在吸引力法则的章节里提过，当我们内心深处担心孩子的健康问题，那么担心的都会发生，孩子的健康就真的会出问题，但是如果我们坚定地认为孩子是健康的，孩子的身体就会强壮。在我们家，每当流感有风吹草动的时候，老公就会焦虑，他会要求孩子提前喝板蓝根预防，我很反对，因为我们的身体是有自动防御力的，不要主动去打破自己的内在平衡状态。我会对孩子做心理建设，告诉她们，任何发生流感的时期总有人是健康的，我们肯定在这些人的行列里。孩子们在我的暗示下，对自己的身体很有信心，每次流感发生的时候，她们一般都不会生病。我家的案例告诉大家，焦虑是造成孩子身体疾病的重要原因，我们的坚定平和，是孩子健康的最大福祉。

餐桌文化与孩子成才的关系

孩子的情绪和父母相似

前几天去酒店吃饭，有两个孩子给我的印象很深刻。其中一个孩子一直在酒店里奔跑，妈妈在旁边追他，很想带他回到座位上安静地吃饭。孩子大约三四岁。还有一个差不多大的孩子喜欢静静地坐着吃饭，一边吃一边耐心地看着周围的人，在观察他们。我循着两个孩子的样子去看他们的父母：那个在大堂里到处跑的孩子，妈妈很焦虑，有些烦躁，一直在吼叫孩子；而爸爸一直在推杯换盏，在交谈过程中一直说话比较粗俗，总是在劝别人喝酒，当别人喝酒喝得不够痛快的时候，他还各种埋怨。而那个安安静静坐着的小孩的妈妈很耐心地陪在孩子旁边，一边剥虾，一边笑看孩子默默不语。每当孩子有提问的时候，妈妈都是耐心地看着孩子慢慢地回答，而孩子的爸爸也一直微笑着面对孩子，不断地地肯定孩子。爸爸很得体，每一句话都很周全，给别人敬酒的时候声音清脆坚定，并不劝酒。

餐桌上的规矩源自家庭教育

通过酒店里两个孩子的对比我就有了一个感觉：一直奔跑的孩子父母产生情绪的根源是，在和别人家孩子对比之后，感觉没有面子，很怕别人笑话自己不会教育孩子，所以那位妈妈就一直在酒店里跟着孩子边追边喊，在没有人的地方朝着孩子吼叫。而另一个孩子，他稳稳地坐着，与周围一切和谐平等地交流着。不管是家庭宴会，还是亲朋好友聚餐，餐桌文化都是一个孩子教养的展现。

我认识一个小学高年级的孩子，在家里吃饭时每上一道菜他都第一个尝，想吃哪个菜就移到自己面前。我和他妈妈聊天，妈妈说了很多孩子学习的事，各科成绩都挺好，个儿高、长得帅，是班上的升旗手。他妈妈认为，如果这样发展下去，20年后这个孩子可能会成为一个高工资、高成就和高社会地位的"三高"人士。但我觉得他恐怕要被绊倒在"教养"两个字上。

还有一天晚上和朋友吃饭，他们带着上幼儿园大班的儿子，席间孩子一直没消停。我问妈妈是不是比较少带他出来，妈妈说经常出来。很明显，孩子缺少的不是出门机会，而是饭桌上的规矩。

如何培养孩子的餐桌礼仪

一个人最终取得的成就、社会地位与很多因素有关，教养绝对是其中之一。如果孩子苦读多年，拿了很多证书，却因为一顿饭给人留下糟糕的印象，而错失好的工作或商业上的机会，作为父母的我们一定会后悔自己给孩子教的餐桌礼仪太少。怎样培养孩子的餐桌礼仪呢？父母们可以从以下最基本的原则教起：

1. 教孩子学会谦让

我们的文化里讲究长幼有序。在餐桌上，这一点体现在让长辈先动筷子上，以体现对长辈的尊敬和重视。我小女儿小的时候对吃的一直都很感兴趣，一开饭出于好奇就总忍不住要先动筷子，我就会跟她说些话分散她的注意力，让她不再注意桌上的菜，再告诉她要等到爷爷、奶奶和其他长辈先吃，自己再吃。小女儿从小养成的这个习惯就非常好。

2. 让孩子学会安静

孩子生性多动，注意力不太集中，很难安安静静地吃完一顿饭，父母一定要耐心教导孩子学会安静。我就经常告诉女儿们吃饭时吵闹容易呛到，也会影响别人的用餐心情，孩子实在太过闹腾的时候就先将她带离餐桌，耐心陪伴直到她们没有情绪后再带回餐桌。当然父母的以身作则也非常重要，我和孩子爸爸一直都遵守"食不言，寝不语"的约定，不会在餐桌上讲电话或者看手机，更不会大声讲话，自己先做好孩子的榜样。

3.告诉孩子要讲卫生

孩子小的时候，很多规矩都不懂，不少家长以为孩子小不要紧，但是一旦错过了最佳纠正时间，很多小毛病就不好改了。在参加一个同事的婚礼时，席间就发现一个孩子对着餐桌打喷嚏，而旁边的妈妈并没有纠正。我觉得，这种现象肯定是一直出现在这个孩子餐桌上的。我小女儿第一次对着餐桌打喷嚏的时候我就给她举了一个形象的比喻，我告诉她口水或者鼻涕中有许多病菌，这些病菌是一群坏宝宝，会趁着人打喷嚏、擦鼻涕的时候悄悄飞到饭菜里，再钻到人的身体里，会让人生病，所以打喷嚏或者擦鼻涕时一定要背对着餐桌，掩住口鼻，不要把病菌带给别人，从此小女儿在这方面就特别注意。

真正的教养在餐桌上。孩子在餐桌上的行为体现了父母的素质。餐桌是重要的社交场合，餐桌礼仪的培养也是必需的。别以为这些等孩子大了或者出门时再教也不迟。好的习惯都是从小抓起，从根源上抓起。好的餐桌礼仪不仅能让孩子养成良好的习惯，而且可以让孩子在今后的社交中树立良好的形象。

吃饭要不要讲规矩

吃饭时你对孩子发出了多少指令

我在外面吃饭，看到一个孩子坐在餐桌前，长辈不断地要求孩子：要吃菜，不要只吃肉；吃饭的时候眼睛要看着碗；手要扶着碗，不要把米粒撒在外面；一定要把菜吃得干干净净，不能剩下……一顿饭下来，要求提了一大堆。这顿饭让那个孩子吃得很郁闷，整个过程孩子一言不发，身体是僵直的。这个事就让我们知道，餐桌本身不是讲规矩的地方，而是让孩子能够通过餐桌文化去享受吃饭的过程。

还有一次去亲戚家吃饭，看到亲戚和孩子之间交流得非常亲切，虽然孩子在吃饭的时候吃得不利索，撒得到处都是，孩子没有被指责，只是看到他父母有爱地、微笑地抚摸着他，跟他互动，吃饭的氛围特别和谐有爱。这样的饭吃下去才会让人心情好、胃口好，当然营养吸收得也好。

规矩不是讲出来而是做出来的

孩子吃饭还是要有规矩的，不过孩子在这个阶段是用他身体力行的体验方式去学习的。也就是说规则不是靠嘴说出来的，而是让孩子跟自己一起做出来的。在规矩面前要人人平等，当我们要求孩子这样做的时候，我们一定要自己先做到。因为孩子有一个特殊的敏感期，叫作模仿的敏感期。如果他们模仿我们的行为作为学习的开始的话，我们没做到的也是他们模仿的内容。我们要求孩子吃饭的时候一定要乖乖地坐在那里，而我们却不断地走来走去，这就不是好的示范。

我们这里说的吃饭规矩跟上一节讲的餐桌文化不太一样，主要是指在家里用餐时的注意事项。其实吃饭的时候讲规矩有利也有弊，利就是孩子将来到任何一个地方吃饭都会很有教养，人际关系非常好。但是如果我们吃饭的时候太要求规则，整个用餐过程就会太过严肃，这不利于孩子建立家庭意识，毕竟吃饭是孩子建立家庭意识的开始。我从小就被父母教育吃饭要有教养，老家里的亲戚多，只要那些长辈们来家里一起吃饭我是一定不上桌的，会让妈妈装些饭菜自己乖乖地去旁边吃。长辈们都夸我很有礼貌，但是长大后发现在吃饭的交际上，自己还是很放不开。

那么，在餐桌上什么样的规矩应该有，什么样的规矩不该有呢？我们不妨来谈谈基本规则和个性化规则。

我在女儿吃饭守规则这方面的教育上，曾经专门系统给她们讲了我认为应该有的基本规则：长辈到齐了都坐下来，大家才能吃饭；吃饭的时候一定吃自己眼前的菜，夹菜也夹自己眼前的；吃东西的时候不说话，说话就要放下筷子，不吃东西再说；吃东西的时候不发出特别的声音；吃完了饭一定要扶着空碗说我吃好了，大家慢用。给女儿讲完这些规则后，我就在每次吃饭时给女儿做示范，潜移默化地影响女儿。经过几个月的时间，女儿已经完全适应并养成了吃饭遵守规则的好习惯。

个性化规矩，我不建议要求孩子。比如说，我们个人有一些喜好，认为吃饭一定要坐直身板，每个菜一次只能夹一点，吃完了不能离开，要等着大家一起吃完才能走……孩子如果在餐桌上感受不到家庭的温暖，他也就很难建立家庭意识。

从吃饭这件事开始，建立孩子的家庭意识和幸福感

看起来一顿简简单单的饭，却是孩子与家庭建立关系的开始。坐在餐桌边，看着家人互相有爱、尊重的场景，孩子也会成为这样的人。在家吃饭，我就经常给孩子爸爸夹菜，感谢他为家庭的付出，会对他说"辛苦了"，孩子爸爸也会给我夹菜，感谢我对孩子们的教育和照顾。我可以明显地感受到，两个孩子的内心是被感染的，她们也会由衷表达对我和爸爸的感谢。随着她们慢慢长大，她们比很多同龄的孩子更懂感恩。

不只是家庭意识的建立，孩子在吃饭的时候还会建立幸福感，也就是整个家庭中的和谐氛围带给孩子的快乐感受。记得有段时间女儿写了个字条叫"吃饭不生气"，放在我们的餐桌上，因为孩子爸爸那段时间工作压力很大，回来就不自觉地总在吃饭的时候纠正孩子的问题，这让孩子心里不痛快，爸爸吃得也难受。于是孩子就写了这张字条放在桌子上，提醒爸爸吃饭的时候要有快乐心情。有了这样的提示，孩子爸爸那段时间在吃饭的时候都会先想一想，尽量说点能让大家吃得更开心的话题。

氛围是真正引导孩子走向餐桌教养的开始。吃饭的氛围一定要轻松快乐，要支持聊天，尤其要支持孩子表达快乐。当然一定要提醒他先放下筷子

把饭菜咽下去之后再开始说，说完之后喝口汤继续吃，这样我们的身体就会很舒服。孩子说的时候，我们要一边吃一边微笑地看着他，不要插话，千万不要讲道理，更不要去纠正他，不可以把我们的标准强加给孩子，这样的饭会吃得特别有营养，不只是食物的营养，还有精神的滋养。

有情绪的饭是毒药

带着情绪吃饭的痛苦

我有个来访者是个 4 岁的孩子，经常生病，看上去面黄肌瘦，身体羸弱。经过了解，发现孩子在家里不爱吃饭，每次吃饭的时候，全家人都要费尽心机，先是要做好吃的，然后再轮番上阵哄着孩子吃。孩子每次吃饭，全家人如临大敌。孩子从 1~4 岁，每个月都要生 3~4 次病。我问孩子喜不喜欢吃饭，孩子摇摇头；我问他感觉吃饭是不是很痛苦，他点点头；我问他不吃饭好不好，他开始笑了。当时我就有一种悲伤，为什么这个孩子会生病？因为他通过生病可以让家长把注意力从吃饭这件事上转移走，不再盯着他，他感觉吃饭是很痛苦的事。

我把这个事情告诉了他的父母，一家人回去之后就把吃饭这件事放松了，孩子想吃就吃，不想吃也不勉强，而且吃饭的时候把注意力放在彼此间的轻松交流上，让孩子在其乐融融的家庭氛围中慢慢地主动吃饭。虽然一开始吃饭还是不好，但是半年后，孩子饭吃得越来越多，身体也强壮起来，很少生病了。

当我们带着情绪吃饭的时候，饭菜就像毒药一样，会影响我们的身体健康。

有情绪的饭是"毒药"

为什么说有情绪的饭是"毒药"呢？我们不妨回顾一下我们的消化系统运作原理。

当我们看到美味食物的时候会分泌唾液，唾液里的消化酶会带动胆汁由胆囊进入我们的胃中，形成消化液，帮助我们分解摄入的食物，待食物进入肠道，营养成分被充分吸收后，最后的食物残渣排出体外。

我爸爸喜欢看电视，尤其是吃饭的时候，他认为吃饭是最快乐的时间，看着电视吃着饭喝着酒美极了，可是他的注意力都盯在电视上，唾液分泌消化酶的机能就减退了，相应地消化液分泌的量就不够充足，浓度也不够。因此，我爸爸常年出现消化不良症状，经常拉肚子，胃也不好。

消化系统核心的关联器官是肝脏，这是我们很多人不太熟知的一个知识。我曾经在医院工作，当时我们科里有很多胃癌患者来就诊，做检查的时候，医生都会选择探查一下肝脏，因为胃部的疾病基本都是由肝脏引发的，那么又是什么使肝脏受损的呢？就是愤怒的情绪。当我们有愤怒情绪的时候，肝脏的解毒和工作能力会下降，相应地，分泌的胆汁的浓度和量也会受到影响，对我们的身体健康造成伤害。

我有个亲戚他爱生气，胃病严重。经常在吃饭的时候跟家里人发生口角，他会嫌饭做得不好吃，还会把以前的旧账拿出来翻一翻。我看到他这种表现心里堵得慌，在他家吃完饭胃就开始不舒服，何况常年和他同居一室的家人呢？吃饭的时候千万别生气！有情绪就别吃饭，吃饭有情绪就是在吃毒药。

当我们在饭桌上看着孩子把饭撒得到处都是的时候，请接纳孩子的行为，把更多的注意力放在孩子已经吃进嘴里的部分，而不是撒在外面的部分！我们这样做，能够让孩子感受到他的行为是被肯定的，孩子就会更积极地去吃饭。但如果我们把注意力放在孩子撒了多少饭上，那孩子就会把吃饭当成游戏，用撒饭引起我们的注意。

另外，看到孩子吃饭磨蹭千万别急躁，慢是孩子的内在节奏，快是我们的节奏，我们不应该把自己的效率标准强加给孩子，建议大家在孩子吃饭慢的时候别提醒，吃完了自己的就收拾离开。孩子边吃边玩时，就把饭撤了，当孩子饿时不给零食，让孩子自主调整自己的吃饭节奏！吃饭是孩子自己的事，他们饿了一定会吃，孩子的身体都有自我保护机制，我们勉强孩子吃下去的饭，因为孩子身体不接受而变成负担！

吃饭的时候我们要在孩子面前做好规矩示范，要在自己眼前夹菜，不能光说话不吃饭，如果要说话，就先放下筷子。再吃饭之前先喝口汤，做好孩子的榜样，才有教育孩子的资格。

餐桌不是战场，如果我们把餐桌当成辩论是非、证明对错的地方，既伤和气又伤健康。吃饭时情绪一定要平和、要专注，不看电视也不看手机，除了给孩子做好榜样，还可以分享一些轻松愉快的话题，和谐快乐的氛围会让我们收获真正的健康。

第四章

孩子睡觉的情绪管理

稳定的情绪是哄睡绝招

哄睡是一场艰苦的战役

每个妈妈都有一段哄睡的心酸血泪史。有同事和我交流她对一岁多儿子睡眠困难感到很头疼的问题。她说，每晚9点开始讲故事10分钟，关灯睡觉，但孩子在床上滚来滚去很难睡着。她耐性耗尽的时候忍不住责骂几句，孩子往往折腾一个小时才能睡着。

我有两个孩子，有着丰富的哄睡经历。我们家老大晚上睡觉没有一个小时也是睡不着的，每天哄睡都让一家人手忙脚乱。开始我用了很多方法，还专门买了相关指导书籍，把书里的做法都用在了孩子身上。比如我尝试让她睡觉前尤其是下午的时候做很多运动，让她消耗很多体力，我感觉这样就应该能快点睡着，但多次实践证明只提前了大约15分钟，40多分钟的入睡时间比一小时其实也好不了多少。

父母的稳定情绪和孩子的安全感

一次偶然的机会，我发现了我稳定的情绪对哄睡这件事帮助很大。有一天我工作到极度疲惫，面对孩子的折腾，无力互动，自己先睡着了。那次只是打了个盹，起来一看不过20分钟，孩子却已经在旁边呼呼大睡了。我马上思考是做了什么让孩子入睡这么快？除了我太困没有时间跟她发脾气之外，我什么也没做！于是第二天在孩子闹腾的时候，我就让自己充分放松下来，不再把注意力聚焦在哄睡这件事上，完全进入我要睡觉的状态，孩子果然又在20分钟内睡着了。从此我就掌握了这个秘诀：有稳定的、放松的情绪，是让孩子快速入睡的绝佳方法。

我的第 39 号来访者，她的小孩每天要折腾将近两个小时才能入睡，她常年受哄睡困难这个问题困扰。经过分析，我发现是因为孩子在入睡前安全感缺失造成的。孩子从小摸着妈妈胳膊入睡，通过摸母亲的皮肤，很快就能放松自己并进入睡眠状态。后来妈妈觉得这是坏习惯，就不让他摸了，于是孩子就失去了让他获得安全感的东西，入睡的时间就一直在延长。后来我建议妈妈给孩子找一个安慰替代品，最终孩子选择了妈妈的睡衣。当他抱着妈妈的睡衣，闻着妈妈的味道时，就可以很快入睡了。

在哄睡小女儿那段时间里，我又获得了一点经验：睡觉是孩子从父母身上获得安全的重要过程。她通过闹觉来考验我对她是否百分之百地接纳，也就是说，闹觉只是她向我撒娇的一种方式。我曾经尝试在她闹得很严重的时候，只是抱着她不说话，也不摇来晃去，轻轻抚摸着她的后背，任由她在我身上折腾，而我内心充满了平静，享受她在我身上耍赖的样子，结果证明，这样做效果特别好，很快她就能进入睡眠状态了。

哄睡——让我们享受美好的亲子时光

让孩子放松入睡，是家长最有成就感的陪伴体验，亲子关系也将在这段时光里得到有效的升华。除了父母稳定的情绪和给孩子足够的安全感，家长还应该掌握哪些关于哄睡的技巧呢？

1. 接纳孩子，允许以他的方式入睡

孩子的入睡会有很多方式，有个同事家孩子入睡时一定要吃手，这样可以让他放松得更快；还有个朋友的孩子会在床上来回翻腾，通过这样的方式也可以快速放松；堂妹的孩子喜欢趴着睡，像一只小青蛙一样，这是因为孩子在母亲的肚子里趴了 9 个多月，趴着就会让孩子感觉安全，安全就是孩子最好的放松状态……我们不妨接纳孩子的这些小习惯，等他们睡沉后再扶正姿势。还有就是很多孩子睡觉前一定要触摸父母的身体，比如摸胳膊、手、耳垂等，那说明他需要一个放松的安慰品。我们可以帮孩子做多种尝试，一

条小毛巾、一个毛绒玩具、妈妈的睡衣等舒服的物品，只要孩子跟这个物品在一起能很快地放松下来，可以快速入睡，我们就该鼓励孩子用这个方式来帮助自己入睡。我大女儿的安慰品是一条毛巾，小女儿的安慰品是一只毛绒兔子，只要跟这些安慰品在一起，孩子们就能迅速自主入睡。

2. 营造嘈杂的睡眠环境

环境对于孩子的睡眠质量起到一定的促进作用，但过于安静的环境对孩子的睡眠没有帮助，相反嘈杂的环境，会让孩子会睡得更踏实。所以在孩子睡觉期间，请开着收音机或者放着音乐。哄睡期间也可以播放舒缓的音乐，或者播放冥想音频，这样可以帮助孩子入睡得更快。我个人给孩子录制的《宝贝睡眠冥想》音频对孩子的助眠效果就很好。

3. 每天遵循就寝流程

在孩子很小的时候，我就带领孩子按照约定的睡觉时间开始睡前准备流程，我们按部就班地刷牙、洗脸、洗澡、穿睡衣，每个程序的先后顺序从不打乱，让她用身体记住这些睡前节奏，从而形成好的作息习惯。

父母平和、温暖，孩子安全放松，一起共享美好的亲子时光，让哄睡成为我们最有效的亲子互动手段吧！

睡前故事最大的魅力不是阅读

睡前故事越讲越兴奋

在节目《妈妈是超人2》里有一个场景让很多人印象深刻：包贝尔老婆包文婧晚上哄女儿饺子睡觉，故事反复讲，《小猪佩奇》看了一集又一集，饺子就是不睡觉，不让看电视就哭得撕心裂肺，包文婧这个当妈的简直快要崩溃了。

然而包文婧并不是一个人在战斗，几乎每个家长都有过这样的崩溃时刻。我的闺蜜也曾跟我哭诉她的烦恼，她家老二总是很难哄睡，后来她和先生想出了一个办法——孩子爸爸扮黑脸训斥孩子不好好睡觉，然后闺蜜拿着童话书去给孩子讲故事安抚。刚开始这个办法还管用了一阵子，但是好景不长，一个月后孩子开始睡得越来越晚，她已经不满足于听一个故事，而是听完一个还想听更多，闺蜜越来越疲于应对。

大女儿小的时候，我有一段时间也特别爱给她讲睡前故事，她让我多讲的时候，我心里还有点窃喜。其实是因为有些故事我也很喜欢，我读着读着就上瘾了，不只是给孩子在讲故事，也是在圆我童年的梦想。在讲故事的时候，因为我自己声情并茂，打动了孩子，同时也感染了自己，结果睡前故事讲得越多孩子越兴奋，睡得也就越来越晚。

睡前故事的误区

我们喜欢给孩子讲睡前故事，真的是因为它有利于孩子入睡吗？讲完故事孩子也不睡怎么办？其实这是我们走入了睡前故事的误区。讲睡前故事最大的功能是亲子互动，让孩子体会与父母在一起亲密交流的感受，它更重要的意义在于沟通，而非帮助睡觉。讲睡前故事是让孩子知道这个时间做了这件事，就该睡觉了，是作息习惯中的一环。讲完故事孩子不睡很正常，因为对孩子来说睡觉前越放松睡得越快，如果睡前故事让孩子兴奋了，就适得其反了。而我们讲睡前故事的初衷是让孩子尽快入睡，可以有自由的时间忙自己的，一旦孩子迟迟不睡，我们难免会产生烦躁的情绪，而当我们的情绪被引爆的那一刻，孩子就更不会睡觉了。

睡前故事应该怎么讲

讲睡前故事有很多好处，能让孩子沉浸在故事世界里，得到爱和温暖。但是睡前应该讲什么样的故事帮助孩子入睡呢？

我小女儿很喜欢《神豆》这个故事，讲了几十遍都听不厌，可是这个故事的副作用也出来了，孩子听了这个故事后特别兴奋，不想睡觉，甚至在梦中还会呼喊，从此我就放弃了在睡前给孩子讲有逻辑情节的故事了。我会选一些内容平和温馨、没有曲折情节和太多动脑筋情节的故事。比如我会讲比尔熊系列故事："比尔熊在春天里放风筝，风筝非常美，随风摇摆。"我讲故事时的语气会尽量舒缓，让孩子慢慢进入放松的睡眠状态。另外在选故事的时候，我会提前对故事进行适当的裁剪修改，比如《卖火柴的小女孩》的结局我就会改为：外婆找到了小女孩，把小女孩抱回了家，吃饱饭后，她在外婆怀里睡着了。

　　除此之外，我还会根据小女儿的呼吸来调整语速，稍微比孩子的呼吸慢一些，也偶尔会用手机播放一些舒缓的背景音乐；在讲故事的时候，我也经常会用一些重复性的语言和词汇，比如"跑呀，跑呀，跑呀"，小兔子终于跑到了自己的家门前，"找呀，找呀，找呀，小鸭子终于找到了自己的好朋友"，事实证明这样既有助于勾起孩子的想象，又便于孩子尽快进入梦乡。

　　临睡前是大脑记忆最清晰、最牢固的黄金时间，也是开发 1~3 岁孩子大脑智力的最佳时间。如果我们能在睡前给孩子讲一个小故事，无论是我们改编的某个童话故事，还是自己小时候的有趣经历，都能让孩子受益终生。每当夜幕降临，让故事伴着孩子安然入睡，是妈妈送给孩子最好的晚安礼物。不过父母们要切记：睡前故事≠睡前功课，真正好的睡前故事，不是让孩子增加知识量，也不是让孩子记住某个情节，而是一种心与心之间、灵魂与灵魂之间爱的交流。

让孩子的睡觉有仪式感

睡前仪式感和随性哪个更好

仪式感就是用正式庄重的态度去对待生活中看似很无趣很平凡的事，从中发现更多的乐趣，睡觉也不例外。就像睡觉前我们都要洗漱、沐浴、更衣，这是为什么呢？一天的疲惫在洗漱、更衣之后会得到有效的释放，轻松会来到身边，我们瞬间就可以进入睡觉前的准备阶段了。孩子也一样，他们在洗漱的过程中可以充分体验跟爸爸、妈妈互动的快乐。一边洗漱一边玩水，一边听着妈妈带着爱的训斥，此时温馨感会让孩子感觉很轻松，并且非常容易过渡到正式的睡眠前准备状态。

我的孩子和朋友家的孩子出生时间只相差一周，我每天晚上都会固定从某个时间开始，带着孩子按照顺序去完成孩子睡前的一系列动作：洗漱、上床、关灯、讲故事、睡前安抚等，每天都是一模一样的步骤，哪怕是洗漱过程中是先刷牙还是先洗脸等很多细节的步骤，我都会给孩子固定下来。而我朋友却不是这样，她觉得随性更好，她会带着孩子想起什么就先做什么，每天都不同。结果是当我的孩子可以在每天睡觉前都能有条不紊地自己完成所有洗漱的时候，她的孩子还不可以，两个人还在战斗中。这就说明，在睡觉前所做的事有一个清晰的流程、节奏，形成仪式感之后，可以有效地帮助孩子入眠。

睡前仪式感和孩子秩序规则建立的关系

在没有时间观念之前，孩子们最重要的是建立节奏感。让孩子拥有清晰的节奏感，并且不断地重复加强，就可以让孩子在未来做事有足够的秩序和规则。所以睡觉前的仪式不仅是帮助孩子轻松顺利入睡的过程，还是帮助孩子建立秩序规则的前奏。我的两个孩子在睡觉前是最喜欢做洗漱这个工作的，她们在完成的时候都会很欢乐，这个时间也是我在身边陪伴她们最安静的时候，有时她们还会戏水、不停地打闹，我就在一边静静地看着、陪伴着她们。或许你会疑惑，难道睡觉前不是应该让孩子足够沉静吗？这样兴奋会不会入睡困难？不会的！她们在打闹的时候，其实就是在释放白天存留在身体里的压力，通过轻松愉悦的游戏互动，她们能体会到家庭的温暖，何况洗漱也只是睡前最前奏的部分。孩子洗漱完之后，我就会带她们上床讲睡前故事了，用低沉、安静的声音引导她们慢慢进入沉静的状态，孩子们就会一边听一边慢慢闭上眼睛，我大女儿喜欢搂着她的小鸡毛巾，而二女儿喜欢抱着她的小兔子，在这样的睡前流程下，孩子们慢慢习惯了这个节奏。

堂妹家孩子在沐浴更衣的时候是有很多情绪的，比如怎么说都不动，而且在做的时候特别马虎，尤其刷牙随便刷两下就算完事，让他重新刷坚决不干！堂妹跟我诉苦的时候我帮她分析了一下原因：孩子敷衍是因为她的耐心不够，孩子能感觉到妈妈没有耐心，并没有全心陪伴，孩子敷衍她是自然的。在我的建议下，堂妹不再一边看手机一边指挥孩子洗漱了，改成自己带着孩子做，当她认真起来之后，孩子自然也认真了起来。堂妹刷牙的时候，和孩子是面对面的，开始是让孩子看她怎样刷牙，跟着效仿，几次之后她和孩子就同时认真有效地完成这项睡前准备工作了。洗脸的时候也一样，洗完之后她们互相检查，看看对方的脸有没有洗干净，没洗干净的地方要再补两下。这其实是在通过互相监督、互相帮助来完成洗漱的节奏体验。父母们如果都这样做了，就不会因为孩子的洗漱而发生争吵了。

接着就是换衣服，很多孩子是不愿意自己脱衣服的，一定让我们给他们脱，可是他们毕竟已经长大了，四五岁了还这样是很不好的。作为家长的我们应该明白，孩子这样做的动机不是让我们给他们换衣服，而是想要体验向我们撒娇的感觉。我的做法是：我女儿这样做的时候我就抱着她们，给她们足够的亲密感，之后用和孩子比赛脱衣服的方式让孩子自己来，有时候在速度上会故意输给孩子，孩子会特别开心，很有成就感。作为父母与其更多地要求孩子，不如带领她们玩着游戏做事。

如何打造睡前仪式感

我有个朋友的孩子叫秒睡宝宝，大家是不是都喜欢这样的孩子？他的父母确实做到了刚才我说的一切。他们的做法是每天晚上固定 8 点 30 开始喝奶，之后刷牙、洗脸，然后洗澡、更衣，这一过程由父母全程陪伴，爸爸、妈妈分工明确，爸爸负责和孩子一起刷牙，妈妈负责和孩子一起洗脸，孩子已经 3 岁半了，可以很好地跟随父母做这些事。睡觉前妈妈会和她聊天、讲故事，孩子很容易就入睡了。

我很乐意有流程、有规律、有秩序地带着孩子去完成睡前的仪式，孩子也自觉自愿地按照这个流程进行，她们还能在洗漱之后，自己去调暗灯光，上床，抱着自己的安慰品自己入睡。

带领你的孩子建立睡前仪式感吧，这可以给予孩子生理和心理上更多的安全感和幸福感，会在孩子的成长中发挥重要的作用，不仅可以增强孩子对生活的热爱，还可以增加孩子的自信心。

如何面对半夜折腾的孩子

睡觉不安稳，孩子半夜总折腾

我的第 466 号来访者找我的时候脸色暗黄、精神疲惫，在了解后得知是被不到两岁的孩子晚上不睡觉折腾的。半年来孩子半夜经常喊叫，像是被吓醒一般，哄睡之后又出现反复的情况，孩子妈妈还一度认为孩子是不是中了什么邪。在和妈妈深度沟通的过程中得知，孩子妈妈喜欢给他讲睡前故事，大灰狼和小红帽的故事经常是睡前的功课。可问题是，当孩子每次出现不听话情绪的时候，奶奶就会用"再不听话就让大灰狼来把你叼走"这样的话来恐吓孩子。孩子将故事代入现实，有多害怕故事里的大灰狼就有多害怕奶奶说的"再不听话就让大灰狼把你叼走"。后来我让孩子妈妈在一段时间里不要再给孩子讲情节惊险的故事，特别是让孩子慢慢忘掉大灰狼的故事，同时奶奶也不要再用这种方式吓唬孩子，没多久孩子的睡眠就踏实了。

有的孩子晚上睡姿不好，甚至哭闹，但是我有个朋友的孩子却一点也不折腾。她从小就给孩子打蜡烛包，把孩子包裹得很紧，这样孩子晚上就不会折腾了。可是孩子到一岁多，走路不稳当，语言发展也很慢，各方面发育都迟缓；到了两岁的时候，很多认知都还没完成，她觉得孩子得了病，认为他的大脑出问题了，可是去医院检查也没有发现什么问题。她怎么会想到这跟她从小束缚孩子，不让他折腾有关系呢？后来她终于在儿童心理科里找到一位医生，医生通过她的描述找到了孩子因为从小被束缚，与周围的接触减少，导致发展迟缓，学习力下降。她只能等待孩子在每一天的触觉感受中慢慢进步，这是一个教训。

为什么孩子半夜爱折腾

孩子们为什么要半夜折腾呢？首先这是孩子对白天吸收学习内容进行整理的需要。孩子在白天做了很多体验，触觉体验、身体体验以及各种配对关系的体验，这一系列知识体系必须在晚上睡觉的时候，在他的大脑中重新整理打包再做分类，这时候他们大脑的兴奋程度是远高于白天的，那身体折腾也就成了正常现象。还有就是排便的不适反应，因为拉了、尿了都会让身体感觉不舒服，孩子会通过折腾引起大人注意。另外可能是环境太热、太干带来的不适反应。因为孩子在 4 岁以前中枢神经系统的调节能力还没有发育完善，汗腺发育不完整，身体的热量产生得比较多，因为无法有效散热，所以孩子都很怕热，一旦给孩子盖多了被子就会折腾。

半夜折腾并不是孩子故意来折磨我们的行为，这都是孩子在生长发育活跃期的重要表现。各个年龄段的孩子半夜折腾的原因是完全不同的：六个月以内的宝宝因为胃肠功能发育不健全，没有食物储存能力，所以他们半夜折腾是为了要吃的，而且在这个时间段里孩子还会有肠绞痛表现，肠道中产生大量的气体让孩子的腹部不适，他们需要折腾一下，帮助肠道中的气体排出；六个月到一岁的宝宝因为整夜睡觉的作息要开始形成，这个时候的折腾是为了建立像成人一样的作息习惯；随着年龄的增长，1~2岁的宝宝大脑皮层的兴奋度开始提高，白天身体体验带来的所有感受，晚上都会在大脑中产生刺激回应表现，也就是复盘白天的身体体验和触觉感受，集合成一系列的感受体验包在大脑中形成认知印刻；2~7岁的孩子会加深这一印刻的程度，其中不仅包括身体体验的内容，还包括白天头脑认知记忆的知识；7~12岁的孩子会对白天受到的情绪刺激开始做出反应，比如说他感受到自己被侵犯了，和别人发生冲突了等等，他会把这些情绪带入睡梦中，兴奋的体验以及恐惧的体验也会在晚上出现。虽然都是折腾，但不同年龄段的孩子折腾的意义完全不同。

如何正确应对孩子半夜折腾这件事

我一个朋友特别敏感，睡觉很轻，晚上孩子一翻腾她就醒了，给孩子盖被子，自己一晚上折腾七八次，都没办法睡好觉。我告诉她孩子晚上踢被子几乎不会感冒，除非因为热出了汗。因为我们的身体在睡觉之后，会启动自动体温保护机制，这会有效地让我们身体处在一个被保护的状态，一切寒凉是不会侵入的。如果还是很担心，就建议给孩子穿连体衣，孩子大一点就穿长袖的衣裤。父母少点自责，多点睡眠时间，这样对一家人的身心健康都是有利的。除此之外，不要反复在白天提醒孩子睡觉不老实这件事，孩子在不断被提醒下，潜意识中会建立一个模式：我晚上睡觉不老实，我晚上睡觉是不老实的，我晚上睡觉不老实是事实，是应该的，那我晚上睡觉一定要折腾！所以请家长不要做这样的暗示。

我们起夜那么频繁，是因为我们有各种担心，这不但让我们自己睡不好觉，而且也打扰了孩子的睡眠。如何既能照顾好孩子，又不影响我们的睡眠呢？有几个经验分享给大家。

第一步是先抚摸，看看是否有排便。大一点的孩子就问一下他是否要上厕所，如果小宝宝已经排便了，马上帮他更换尿不湿就可以，那时孩子还是会处在一个闭着眼睡觉的状态。

第二步是安慰性搂抱让孩子感觉安全。我们的搂抱可以让孩子瞬间感觉到他是有人陪伴的，自己的情绪就会完全平静下来。

第三步就是我们要迅速让自己的情绪平复下来，尤其要让自己快速进入半梦半醒状态，只是眯着眼睛抱孩子，这样的半睡眠状态是让孩子快速入睡的最有效方法。如果我们醒了，而且还进入了焦虑状态，那孩子会马上感受到我们的焦虑，然后就彻底被唤醒了，孩子不睡了，我们也别想睡了。

在孩子半夜折腾的问题上，父母们千万不要过度焦虑，要相信孩子的身体是有自控和适应能力的。让我们以平静的状态，陪伴孩子沉睡一夜。

睡眠才是孩子成长训练的关键时间

有没有一个好睡眠差距如此之大

中国睡眠研究会调查显示，在当前生活决定孩子生长发育的因素中，睡眠因素的影响已经超越外在营养和锻炼的影响。也就是说，睡眠已经是影响孩子生长的第一要素。

我的第 197 号来访者的孩子长得特别瘦小，而且反应迟钝。孩子父母找到我的时候认为是孩子发育迟缓，去医院检查没有发现问题，而且孩子的学习力越来越弱。见到这个孩子的时候，我感觉他是一个被严重打乱作息规则的孩子。经过对他睡眠情况的了解，得知孩子晚上要 11 点多才能入睡，早上 9~10 点才能起床。对此，我对孩子父母提出了要求：不管孩子晚上晚睡到几点，早上必须 6 点 30 以前叫他起床，要帮助孩子从晚睡晚起状态调整到早睡早起。父母奋斗了一周后成功调整了孩子的作息时间，并在 3 个月后发现孩子的身高明显长高了 3 厘米，反应速度也提高了，学习的时候也更容易接受知识了。这一切都是在告诉我们，孩子的睡眠不能按照成人的喜好，一定要遵循孩子的内在发展规律。

两个月前，朋友家 10 岁的孩子因为身体不舒服，晚上睡得不好，上学时忍不住打瞌睡，导致了学习成绩下降。朋友开始着急了，孩子成绩一直不错，如今下降这么快怎么可以？朋友的焦虑情绪传导给了孩子，孩子也开始不断给自己施加压力。他不断告诫自己：晚上一定要好好睡觉，如果晚上睡不好，第二天不能打起精神学习，学习成绩就会下降。可越是如此暗示，他就越睡不着。那段时间，孩子每天晚上睡觉时都会紧张，看手表，算自己还能睡多少个小时，越着急，越想快点睡，就越睡不着。两个月来，孩子一直持续这样的状态，原本活泼开朗的他慢慢有了变化，变得常常因为一点小事就大发脾气，趁家里没有人的时候一个人大哭，遇到不顺心的事会激动顶撞……我告诉朋友，孩子是因为担心睡不好影响学习成绩，从而引发了焦虑，焦虑、紧张等负面情绪导致了睡眠问题，从而形成恶性循环。应该从家长开始先降低对睡觉与成绩关系的关注，减轻孩子的压力，让孩子在睡前听我特别给他录制的睡前放松冥想。不到一周的时间，孩子能睡好觉了，上课注意力自然就集中起来，成绩也就上去了。

睡眠过程中最重要的事

睡眠过程中最重要的事是生长激素的分泌。人体身高主要受"生长激素"的影响，这种激素分泌得越多，就越有助于长高。1岁以前的婴儿，无论白天还是晚上，脑垂体都在不断地分泌生长激素，所以这个阶段的婴儿长得特别快；1岁过后，生长激素的分泌就主要集中在晚上入睡时，其中有两个时间段对长高至关重要，一个是晚上9点至第二天凌晨1点，特别是晚上10点后，生长激素的分泌量最旺盛，可以达到白天的5~7倍；另外，早上6点前后的一两个小时，生长激素也有一个分泌小高峰。所以，足够的睡眠时间对孩子的身体成长至关重要。

延伸阅读：作息规律

早上5~7点是大肠经工作的时间，大多数孩子会在这个时间段醒来，要排尿、排便。早上7~9点是胃经的工作时间，这就到了吃饭的时间，孩子们会在这个时间段里进食，一旦错过这个时间食欲会下降。9~11点是脾经的工作时间，脾是在帮助肠胃把摄入的食物消化、吸收掉，如果这个时间段里我们还没有进食，脾经如何工作呢？有一天我上班的时候，在电梯间里听到一个妈妈跟她的同事说，公公想要改变自己女儿的作息时间，让孩子早点起床，可是她认为孩子才两岁多，上幼儿园还早，不用做这样的调整，10点起多睡一会儿也并没有什么不好。作为一个教育者，我很为这个妈妈的想法担忧，一个孩子晚起不仅会打乱她的作息规律，也必然会影响孩子生长激素的分泌，最终影响生长发育的速度。

睡好觉的5个小技巧

（1）睡前不要让孩子做剧烈运动，有秩序地开始睡前准备。

（2）在满足孩子正常发育所需营养的情况下，不要让孩子养成吃零食的习惯，尤其是在晚上，以免增加肠胃负担影响睡眠质量。我认识的很多朋友都做不到这一点，原因是他们总会认为现在的经济条件好了，又不忍拒绝孩子的索要，其实这样反而是不利于孩子健康成长的。

（3）3岁以内的孩子对光线比较敏感，晚上孩子睡觉如果要开灯，要注意光照的亮度和照射方法。我大女儿小时候睡觉总是安全感不足，关掉所有的灯就不肯睡了，我就在床头放了一盏小夜灯，柔和温暖的光线足够她安睡了。

（4）不要约束孩子入睡的方式。孩子是趴着睡或者拳打脚踢地睡，又或者不断地翻腾着睡都没关系，这是孩子身体放松的过程，只要他没睁开眼睛，醒来要求你陪他玩儿，家长都无须干预。我女儿有段时间特别喜欢趴着睡，我会等她沉睡以后再把她的身体翻过来。

（5）不需要为了孩子翻腾而起夜。很多敏感的父母，只要孩子一翻腾，立刻就坐起来去摸孩子。这样是完全没有必要的，除非孩子发出了喊叫、哭闹或是完全醒来的信号，否则家长们不必事事紧张。本着我们和孩子有着强烈心灵互动的联接来说，我们越放松、越沉浸在自己的睡眠状态里，孩子的睡眠也就更有保证。我们的紧张和焦虑会干扰孩子入睡的速度和睡眠的质量。

睡眠是影响孩子成长的重要因素，孩子从小养成良好的睡眠习惯，对其一生都是大有裨益的。

利用孩子的脑波特性加速学习

意想不到的脑波训练效果

我让孩子从小就收听很多脑波训练的音频。最早收听的是罗伊·马丁纳老师用英文录制的，我发现孩子晚上睡觉的时候，并没有认真听什么就睡着了，但是在收听一个多月以后，她们却可以在无意之间把那段英文背出来，而且很流利。我和孩子们都感觉很吃惊，通过这件事我发觉，孩子在睡觉的时候也没停下学习。通过这些音频的收听，她们的学习效率提高了很多，而且注意力更加集中，她们在生活中面对困难时的信念都被重塑了。我觉得这个方法对孩子成长的帮助非常大。

我的第 209 号来访者的女儿 12 岁，小姑娘一直不能完成作业，也不能正常学习，通过 3 个月针对性的脑波训练之后，这个孩子在晚上睡觉的时候变得踏实了，改变了之前经常失眠多梦的状态，白天上课注意力也集中了，后来顺利升入了初中，进入了一家她特别喜欢的学校。孩子的父母根本不敢想象，有学习困难和障碍的孩子能有这样的变化，所以脑波训练对孩子的成长是很有帮助的。

了解大脑的脑波特性

人类的大脑中有四种脑波频段，分别是 β（贝塔）脑波、α（阿尔法）脑波、θ（西塔）脑波、Δ（德尔塔）脑波。其中，β（贝塔）脑波是唯一的左脑脑波，其作用是支持在清醒的状态下进行思考分析的工作，振动频率快，慢性子人的振动频率慢于急性子人的振动频率。α（阿尔法）脑波是右脑脑波，也叫全吸收的放松脑波，在我们感觉疲惫想睡觉时就会出现此脑波，它在我们身体放松的时候会出现，其振动频率比 β（贝塔）脑波慢得多。θ（西塔）脑波也是右脑脑波，是人处于半梦半醒状态时呈现的脑波，那时，人们能觉察周围的声音，但身体却不能做出任何反应，其振动频率又比 α（阿尔法）脑波慢得多，此脑波也叫印刻脑波，是所有信息在潜意识中留下痕迹的脑波。θ 脑波的另外一个名字叫催眠脑波，在给来访者做心理治疗的时候使用的催眠技术，就是通过帮助来访者进入 θ（西塔）脑波状态，把潜意识中留有的那些创伤以及信念或者情绪的模式进行重塑的过程。最后一种是 Δ（德尔塔）脑波，同样是右脑脑波，也叫全方位吸收的脑波，是人们在深度睡眠时的支持脑波，振动频率几乎为零，呈直线状，是大脑完全开放充分整理吸收已存信息的最佳状态。

2岁前孩子的脑波是Δ（德尔塔）脑波（全方位吸收的脑波），这个阶段的孩子处在无意识的身体运动中，什么都想试，什么都想摸，是没有意识地自发学习过程，通过完全开放、充分吸收所有已接触信息的方式完成大脑对知识体系基础的建立。此时，成人对孩子的训练多半是认知和指令的训练，同时给予孩子更多的身体体验，让他们感受到身体与周围环境之间接触的过程。

2~7岁就进入了θ（西塔）脑波（深度印刻脑波），在这一阶段里发生的很多事件的感受会终生留在孩子的潜意识中。比如，在这个时间段里孩子遭受了创伤，形成了一些负向或者限制性的信念，他长大以后潜意识中存留的这些信念会主导他的一生。心理治疗是改变认知和感受的过程，一般都会进入这个时间段，帮助来访者完成潜意识的重塑过程。这个时间段里，孩子的学习是非常快而且深入的，学习到的一切内容都会终生印刻在潜意识中不会忘记。

7~12岁孩子进入α（阿尔法）脑波（全吸收的放松脑波），它跟之前的Δ（德尔塔）脑波（全方位吸收的脑波）不同的是出现了选择，孩子会选择自己更有兴趣的知识进行巩固和学习，这个时间里孩子们要进入学校，进行系统化的基础知识学习了，很多孩子的学习偏好就出现了，有的孩子偏文科，有的孩子偏理科，这并不代表你的孩子是好还是坏，而是代表他在哪个方面的脑波吸收更加有节奏，更加有深度。

随着年龄的增长，到12岁以后孩子就进入了β（贝塔）脑波，这是我们所有成人日常有的状态，也就是说12岁以后的孩子更接近于成人的思维模式，此时孩子开始学习更多的思考分析评判的方法，逻辑思维的运用更多。

以上可见，对孩子进行教育的最佳时间是在7岁以前，除了言传身教、八大领域的基本训练之外，给孩子进行脑波训练，直接给孩子的大脑印刻最正向积极的信念体系，对孩子的一生有着积极意义。

如何帮助孩子进行脑波训练

利用孩子在睡觉时间脑波的变化进行有针对性的训练。晚上从入睡到进入深度睡眠的时间大约需要 1~1.5 小时，脑波训练就在这段时间内，从 α（阿尔法）到 θ（西塔）再到 Δ（德尔塔）脑波，对孩子进行正向印刻重塑。而我们要做的就是在孩子上床后，开始收听脑波训练音频，也可以在孩子刚睡着时收听，会有很好的效果。我的孩子每天晚上都会听不同的音频，有针对身心健康的，也有针对聪明智慧的，有我录制的，还有罗伊·马丁纳老师录制的，她们的潜意识信念体系一直在被影响着，正向积极永远是她们生命中的方向，她们不会被困难打倒，也不会因为害怕恐惧而退缩，她们更多的是愿意接受挑战，并愿意自由展现自己的天赋。

第五章

孩子出行的情绪管理

带孩子出去玩你累吗

家长疲惫孩子哭闹的出行

家长都爱带孩子出去玩，因为我们有一个特别好的初衷，就是想让孩子增长见识，交更多朋友，完善他们的社交意识，还想让一家人有时间聚在一起，其乐融融。但很多家庭出去玩时经常会有这样的场景：成人愁眉不展、筋疲力尽，孩子也因为得不到自己想要的而哭闹，而让整个出行都不太愉快。出现这种情况的根源就是成人和孩子对出行的认知是有出入的。

我的第 118 号来访者是个 4 岁的，极度认生的孩子，他到哪儿都特别紧张，很长时间不能离开父母的身边全身心地适应环境。往往在一个地方玩了一天，他才开始慢慢进入状态，而此时却要离开了。我跟这个孩子在互动的过程中发现一个问题，他父母每周都会带他到不同的地方去玩，见不同的人。一开始还好，但因为每次去的地方不同，孩子对此地的认知和秩序还没有完全建立就要离开，孩子有了极大的不安全感，于是他就开始对抗去那些不熟悉的环境。即便去了，他都会选择先藏起来观察，而不是直接去体验，因为他知道反正这个地方也待不长，体验完了也不能建立我的认知和秩序，不如就这么看看算了。有了这样的觉察，我跟孩子父母进行了一次深度沟通，让他们带孩子在相对熟悉的环境里开始深度体验，不再带着孩子不断换地方、换朋友，做蜻蜓点水般的体验，即便是在小区里也尽量跟熟悉的孩子、在熟悉的环境里进行互动。我建议首先邀请孩子的好朋友到家里做客，让孩子做主人招待小伙伴。这样的活动持续了几次，孩子跟他的好朋友互动适应得很快，过家家等一些有难度的游戏，在他们之间都可以完成。之后又让父母带着孩子去好朋友家做客，连续几次后，孩子也可以适应了。再后来和好朋友相约去新环境玩，连续在同一个环境玩几次后，孩子的适应力更好了。最后就是带着孩子去新环境和新朋友玩了，还是连续几次在同一个环境和同一批新朋友一起玩，孩子完全没有了怯意，从第一次开始就适应良好了。自此，孩子认生的情况完全改善了。

孩子外出的真正需求是自由探索

我曾经认为孩子出去玩很重要，但都是疲于奔波地带孩子到处跑，走马灯似的到处看，忽视了问自己孩子为什么要出去玩？后来看了一篇心理学的深度报道，里面提到孩子的学习是一个在熟悉的环境中深度体验和适应秩序以及好奇探索的结果，如果我们只是让他观光，让他去肤浅地浏览一遍，是没有意义的。孩子到达任何一个环境，都需要先明确是否安全，感觉安全才会引发他们的归属感，有了归属感之后他们就会觉得待在那里体验是有意义的，同时也愿意和周围的一切融为一体，比如和那里的人交往，在那里体验等。

有一次，我带孩子去公园玩，孩子只喜欢草坪的某一个小角落，在那里不断地拔草，再将这些草汇集在一起，用小桶装一些土混入草堆中，用铲子不断翻炒，说这是做青草饭，我就陪她在那里玩到尽兴。这次出行什么也没做，只是在草坪上炒了一下午的青草饭，结合那篇心理学的报道，给了我一个启示：孩子在任何环境里，只要被允许，他们就可以展开深入自由的探索。

带孩子出去怎样玩得有意义

作为父母，带孩子出去玩，不能仅仅将孩子带到外面去作为唯一的任务，而是要知道应该为孩子创造什么样的自我探索的条件，我的建议是：

第一，是固定体验场所，并定时去。比如，我带小女儿去早教中心上课，一周会带她去 1~2 次，通过这种固定场所定期的体验，小女儿就可以在安全的基础上进行深入的探索，比如尽兴地使用早教中心的各种设施设备和教具，去任何地方都不需要我陪伴，可以在那里独立体验一段时间。

第二，是我们要固定孩子的社交群体。我的两个孩子都有自己的朋友圈，有些是学校里的朋友，有些是同事家一起玩得来的朋友，还有几个是邻居家的小朋友。我会让她们每周都自己组织一个主题活动，把不同圈子的朋友分别邀请到家里来玩，快乐之余还可以进行有难度的合作体验，比如和不同的人组队玩探险游戏。

第三，是丰富自己的知识体系。我们要知道的比孩子多，才能在孩子玩的时候给予智慧的引导，帮助孩子获得既安全又有感受的完整体验过程。比如，带孩子去动物园时，告诉他一些关于动物进化的有趣知识，如狗是怎样从狼进化来的。

第四，是大胆地放手，并协助孩子完成试错体验的过程。一定要鼓励孩子试错，在孩子做错之后，我们要肯定他去试错的勇气。我女儿做错的时候我还会跟她说，这种错误体验我还没有遇到，我特别喜欢你做错的感受，通过错误我也增加了一个新的知识点。因此，我女儿在面对挫折的时候总是能乐观地去面对，积极去解决。

第五，是重复去一个地方探索体验是很有必要的。我曾带女儿去一个游乐中心，那里有个图书角，她每次都要在那里待半个小时，每次去看的书都是同一本，但我没有阻止过，只要能在一个地方深度体验，就达到我带她出门的目的了。

公共场所不是疾病的隐患地

公共场所真是重灾区吗

我们都有一个认知，公共场所是疾病传染的重灾区，如果带孩子去人多的公共场所，我们会有焦虑的情绪。但是从另外的角度来说，在公共场所，孩子们是可以增长见识的，因为这是一个微缩的社会，在那里可以看到、听到和感受到很多社会文化，可以帮助孩子去学习待人接物，接触与人合作的社交文化。我曾经带着3岁的女儿去商场购物，孩子看到很多人的时候说了一个形容词："好多人啊，简直人山人海。"这让我很惊喜，接着我听到了旁边有个小朋友也在用这个词，我一下恍然大悟：原来孩子之间的学习在潜移默化的影响下就可以进行。

至于说公共场所是传染病的重灾区，我是有很多感受的。每次一闹传染病，家人就告诉我不要带孩子去公共场所，说孩子容易被传染疾病，这让我对公共场所心有余悸。因为有了这样的认知，每次带孩子出去的时候总是忐忑不安，所以十次去总有那么五六次孩子回来真的会生病。后来我知道了心理学中的暗示效应：当我们心里一直有这样认知的时候，就会影响孩子对这个地方的安全体验，他们到了地方后，就会异常敏感，周围的病菌就会很容易侵犯他们的身体。

公共场所传染病的真相是什么

公共场所里之所以会有病菌，是因为那里的空气流通出了问题。但是如果公共场所里有新风系统，空气流动速度很快，实际上空气中细菌的平均含量并不比我们家里多多少。一则关于细菌的报告说，如果一个家庭里每天的通风次数少于四次，那么空气中细菌的平均数量就和商场里的状态是一模一样的，但是因为我们在家里的时候每个人都很熟悉，我们很放松，感觉安全，我们的免疫力相应也就加强了，细菌自然不会影响我们；在公共场所，我们比较紧张，免疫力会有所下降，在公共场所的感染概率比家里高多了。可见，问题不是出现在传染病源头的病菌上，而是在因为我们紧张导致免疫力下降这个问题上。

我有个来访者是个社交恐惧症孩子，妈妈说孩子到哪儿都很恐惧，不愿意去任何一个公共场合。经过了解，我发现孩子小的时候其实没有这样的问题，孩子大约两岁八个月时，家长带他去一个人很多的商场，一直不停地叮嘱孩子说别丢了，还说空气不好，容易生病，必须得赶紧离开等焦虑的语言。这让孩子感受到公共场所带给自己的不安全感，并把这种感受深深烙印在自己的潜意识中，后来即便他去人很少的公共场合也感觉特别紧张。知道了这些秘密后，我首先让他父母处理自己的焦虑情绪，让他们明白去公共场合不一定会生病，尤其是在放松和喜悦的时候，只有紧张、焦虑时我们的免疫力才会受影响，病菌才能长驱直入。知道了这些后，父母带着孩子从室外小公园开始，先是抱着孩子从外围观察，再慢慢进入人多的地方，他们随身带着一个外放小音响，放着孩子熟悉的童谣，轻松快乐地跟孩子说着看到的一切，孩子很快就适应了。没过两个月孩子就可以完全融入各种公共场所了。

让公共场所发挥对孩子真正的意义

公共场所并不是细菌的繁衍地，也不是我们最害怕的疾病隐患地，它对我们的真正意义是社交学习场地。我们应该怎样让孩子更好地融入公共场所呢？

1. 重塑对公共场所的认知

去公共场所的时候，我们要保持轻松、愉快、平静的情绪。带着孩子尽情地在公共场所玩的时候，一定要观察孩子对什么更感兴趣：有的孩子喜欢观察穿制服的人；有的喜欢试吃各种体验品；有的喜欢观察别人的言谈举止；有的只盯着自己喜欢的商品；也有孩子只低头走路，观察行人脚下。每个孩子进入到公共场所观察的细节都不同，这与孩子内心当下认知的需求有关。我们了解了孩子感兴趣的内容，才能做积极有效的互动和引导。比如我带孩子去商场的时候，我发现她对柜台上五彩斑斓的颜料特别感兴趣，我就知道她到了色彩认知的阶段，我就给她创造很多使用颜料的机会，孩子特别开心。由此我有了一个收获：在公共场合，只要仔细去观察孩子，就能发现很多在家里发现不到的惊喜。当孩子不愿意进入公共场所时，我们应该耐心地带着孩子先从外围适应开始，就像上面那个有社交恐惧症的孩子一样，我们先不要带他去封闭的空间里，先从开放的、人少的空间开始，从让孩子静静地观察、慢慢地体验开始。

2. 不要过度紧张

有一次，我看见一对夫妻带着孩子在购物，孩子用手碰过任何一样东西后，妈妈都会小心翼翼地拿消毒液给孩子手消毒，一路下来，一小瓶消毒液都快用得差不多了。我当时就感觉到孩子对周围一切环境的适应和安全感很差，最后孩子就不敢再动任何东西了。我想，长此以往，孩子会对周围一切产生极度不安全感，他将来又怎样去探索、去成长、去发展自己呢？

旅行能让孩子长见识吗

我们喜欢的旅行并不是孩子想要的

我们认为带孩子出门旅行可以长见识，是因为我们出行会见到很多自己不认识的东西，让我们增加了在别人面前谈论的资本，这是大人的需求，但这并不是孩子想要的。孩子的世界很小，他们特别向往的是去一个可以深度探索和体验的地方，旅行的长途跋涉对他们来说特别没劲。我记得曾经带孩子出去旅行，我们一路上打游戏、睡觉，到了景点就是各种拍照、找小吃，根本就没把当地去玩的内容记录下来，现在提起曾经去过的地方，她们几乎没有记忆，连感受都很模糊。这说明这样的旅行并不适合孩子，或者说我没有给孩子一场她们需要的旅行。

大女儿 3 岁时，我觉得终于到了可以带孩子出门旅行的时间了，我和老公迫不及待地带着她出门了。目的地并不远，我们到了之后玩得很尽兴，孩子也很开心。可是到了晚上她就不干了，非闹着要回家，整宿在酒店里哭，白天那种开心的样子不见了，最后不得不抱着她在走廊里转才慢慢哄睡着。当时我很苦恼，不知道为什么孩子这么难搞，难道她不喜欢外出吗？还是她认生？后来经过各种资料的查询，我才发现原来孩子是在秩序敏感期里。

秩序敏感期里的孩子

秩序敏感期是孩子对自己的安全、自己的生活秩序以及周围一切秩序要求最高的阶段，他们不允许秩序发生改变，在家里所有的摆设必须在原来的位置，只要变动了他就感觉不安全；在外面如果有人把原来的规则改变了，孩子也不同意，必须去纠正。比如小朋友们做游戏的时候，本来有个小朋友拿着一个球，如果这个球被别人拿走了，敏感期里的孩子一定会要求把球还回去，他认为只有保持原来的样子才是最好、最安全的。我记得有一次，一群朋友去爬山，其中有个妈妈抱着两岁多的孩子，爬山的时候走路出汗了，妈妈就把外套脱下来系在身上，这时候孩子就不停地哭，孩子妈妈心慌了，不知道孩子哪里难受。我感觉一定是孩子的秩序敏感期开始了，就让孩子妈妈穿上衣服试试，果然在妈妈穿上衣服的那一刻，孩子不哭了。从此之后，我就对秩序敏感期有了更深的理解，加上各方面调查以及我个人实践的印证，发现：真正对孩子有帮助的、增长见识的旅行应该发生在六岁以后，一方面是孩子的左脑记忆力更强了，另一方面是他们正好会在六岁前后进入社会规范敏感期，基于对社会角色的学习需要，他们会把自己置身在环境里去完成扮演的过程。比如有一次我带女儿去一个景区，这个景区有一段传说，有很多故事人物，她就假想自己在这个故事里扮演哪个人物，还身临其境地给我复述整个故事。那场旅行的意义就不只是到此一游了，走马观花的体验变成了孩子深度学习的过程。

带孩子旅行你应该做什么

带孩子去旅行绝不是逛景点，孩子真正需要的就是在旅行过程中增长见识，学会应用知识。

有一年暑假我要带孩子去贵州，去之前我先带领她们一起做攻略，做攻略的时候不是去看哪里好吃、好玩，而是根据当地的文化特色去找有名的景点。我们发现贵州最有名的是茅台酒，茅台酒出产的地方是茅台镇，那么我和孩子们一起去查找的第一个景点就是茅台镇，还顺便一起研究了茅台酒的制作过程，孩子们一边查找一边跟我说，这应该是爸爸最喜欢的地方。后来我们又发现贵州有苗族文化，我们又深度地去了解苗族的故事，发现了很多有趣的东西，孩子们就说一定要去苗寨看看。接下来我们又发现贵州是水资源很丰富的省，最有名的就是黄果树瀑布，我们在研究黄果树瀑布的时候又研究了在世界上排名比它更靠前的几个瀑布，将它们之间的差异性做了对比，还把对比的照片打印出来，想带到现场好好研究一下……这一系列攻略都是孩子们和我一起完成的，她们在搜集的过程中产生了大量认知体验，当然对出行也就更加期待了。

在这场旅行中，孩子们不再像以前旅行那样在车里打游戏、睡觉了，而是拿出我们提前准备的资料来讨论，把她们搜集到的故事讲给车上的人听，预告下一个景点的特点和故事是什么，以及最经典的景色在哪儿。她们一下子把旅行变成了一场深度文化体验的盛宴。

如果你想带着孩子去旅行增长见识，不妨像我一样先认真地带着孩子们做好攻略，让他们提前感受当地的文化特点，让他们自己发现真正值得看的景点，深度的探访会让孩子长见识，也会让孩子永远难忘。

晕车是孩子运动天赋的开始

越提醒越晕车

有一次在出差的路上，看见有个孩子晕车，他的母亲不但帮他换了靠窗的位置，还一路都让孩子不断地透过开了缝的窗子去呼吸新鲜空气，不断地提醒孩子说，难受就告诉大人，结果这个孩子一路真的很难受。当时我知道孩子的心理被暗示了，让他感觉晕车并难受是他一定会出现的，通过妈妈的不断提醒，让他无法忽略晕车的感受。真正想要改变孩子晕车状态有很多方法，首先就是要知道为什么会晕车。

人为什么会晕车

让我们了解一下孩子感官发育的特性。孩子一出生眼睛就是高度近视，并且呈色盲状态，1 岁的时候视力大约是 0.1，3 岁的时候是 0.3~0.5，七八岁的时候视力发展到 1.5。在这个过程中，孩子到 1 岁除了黑白色，只能认识红色，到 2 岁可以认识黄、绿、蓝色，3 岁的时候认识紫色、浅粉、浅蓝、浅绿等渐变的颜色，4 岁的时候可以将所有不同的颜色进行搭配整合，构图才会发生，这是孩子视觉的发展规律。伴随着视觉感官的延迟发展，耳朵的发育也有同样的规律，新生儿只有听力，没有听觉。孩子出生后的 5~7 个月，会出现摇头、抠耳朵大声喊叫的现象，这是耳蜗神经发育的开始，这些表现是在告诉我们，孩子需要训练平衡力了。一岁半前后，孩子会对声音特别敏感，他们听到尖利刺耳的声音会出现紧张、害怕的神情；此时孩子还会出现一些特别的喜好，比如喜欢爬楼梯、上斜坡、走马路牙子、坐摇摇马等。

此阶段中有一部分孩子会发生晕车现象，孩子晕车时的表现不是呕吐，而是睡觉。此阶段孩子的发育重点是大运动体能和平衡协调力的发展。孩子此时期的前庭功能发育不完全，是导致晕车的主要原因。人类有一个内耳前庭平衡感受器，受到晃动的刺激就会产生过度的振动频率，从而影响中枢神经，导致出汗、头晕、恶心、心慌等症状的出现。每个人的内耳前庭的耐受度不同，耐受度低的人坐车时就会晕车，通过后天的运动训练来改善内耳前庭对晃动刺激的耐受度，就可以有效地改善晕车问题。

怎样让你的孩子不晕车

晕车不是天生的，而且是可以通过后天运动训练来改善的。那么我们应该怎样做才能让孩子出行减少晕车的概率呢？

1. 有效的训练运动

3 岁前去早教中心，利用内耳前庭的专用器械，即感统教具，针对孩子的体能、力量、平衡、重心进行训练，对改善孩子内耳前庭承受晃动时带来的震动、提高耐受度很有帮助。幼儿园阶段，让孩子坚持变速跑、迂回跑，可以有效地帮助内耳前庭完成耐受训练。小学阶段，跳绳是有效的训练方法。

我小女儿一岁多出现上车睡觉现象，到四五岁时坐车呕吐不止，她的晕车现象越来越严重。我深谙其中的原理，开始有针对性地对她进行运动训练。玩滑板车、跳绳、拍球，学骑自行车、学习弹钢琴。这一系列的训练对她的耳蜗神经系统产生了有效的刺激，对晃动时振动频率的耐受程度提高了很多，最终在 8 岁那年结束了晕车经历。

2. 遇到孩子晕车需要停止过度保护

如果我们过度地强调孩子晕车，并且对他进行细致的保护，就会导致孩子认定晕车终生不会好转。随着年龄的增长，运动量的减少，晕车频率会越来越高。每次带女儿出门，她晕车的时候，我都会讲一些有趣的故事、见闻来分散她的注意力，从不提示孩子正处于晕车状态，不传递焦虑的情绪，并且坚持陪伴她长期有效地做运动。

晕车不是一直会持续的状态，只有懒惰才是晕车的最终原因。请各位家长务必从现在开始重新看待晕车这件事，一个晕车的孩子恰好是后天运动训练发展的开始，利用晕车帮助孩子完成运动能力的提升和运动技能的学习，不正是一举两得的好机会吗？

如何培养有规矩的孩子

没有规矩的孩子

朋友家的孩子铭铭是从小被爷爷、奶奶照看长大的孩子，爷爷、奶奶对家里这个唯一的孙子千般宠爱、万般纵容，结果孩子身上出现了一些令人头疼的问题：捣蛋、没有规矩、抢别人玩具、动手打小朋友、不跟客人打招呼，等等。有一天，过马路的时候，孩子硬要闯人行横道的红灯走到马路对面去。得知这个情况后，我非常替这个孩子的未来担忧，不懂规矩的孩子会为人所不喜，日后他必定很难融入生活环境中。

能遵守的规则才是规矩

俗话说，没有规矩不成方圆。规矩一定是大家共同遵守的标准规则，遵守是前提。如果只有规矩没有遵守，那么规矩就不存在了。

我带领过一批 90 后的小伙伴，我发现他们对规则的认知并非是统一的。就像迟到、早退这件事，他们并不觉得难过，迟到大不了扣钱。他们对于这个规则的意识已经跟 70 后、80 后完全不同了，难道这就说明他们的人品不好吗？时代在发展，规则、规矩是要与时俱进的。

只有能让孩子遵守的规则才是有意义的。我女儿小的时候，总是喜欢把东西放在自己认为正确的位置上，这是她秩序敏感期的特点。有时她放东西的位置很不恰当，她会把积木搭建在客厅中间，我选择在这个特殊的时期尊重她的要求，让她自己去摆放，直到有一天她认为那堆积木放在那里确实碍事就收起来了。所以孩子一开始有规则的时候，千万不要按照成人的认知给孩子制定规则，这会引来孩子的反抗，不但不能让孩子遵从规则，还会让孩子对规则特别反感。

有一个来访者的孩子特别没规矩，去哪里就会在哪里搞破坏。比如他到邻居家做客，看到邻居家的水果上去就拿，也不问："我可以拿吗？"妈妈认为他没有礼貌就教训了他；然后他看到对面的小朋友在玩玩具，直接就抢，妈妈认为他没有礼貌又把他训了一顿；之后孩子见到任何人上去就动手打，妈妈认为这个孩子有攻击性，甚至刻意把他和小朋友隔离开，怕他伤到小朋友。可是这个孩子真的就懂了规矩了吗？恰恰相反，他不但不懂规矩，而且越来越会向规矩挑战。我辅导这个孩子的时候，首先就告诉他：你想怎么做都可以。我给他很多东西，让他自己排，他就把东西扔得到处都是。我在旁边不但没有责备孩子，还肯定他说："你能把红色和黄色的积木放在一起，积木很开心。"孩子一听我如此说就不干了，因为他的目标就是对抗，这是他的规则意识标准，于是他马上就把黄的和红的积木分开。当然我给他的指令也都是相反的。我特意说千万不要把红色积木放到红的盒子里面，他立刻就放到了红的盒子里；我又说，不要再把蓝色的积木放到蓝色的盒子里了，他又喜滋滋地放到了蓝盒子里。他每次执行指令后，我都会假装很生气。当他把所有对抗我的指令完成之后，其实就恰恰完成了正确的事情，我让他看看做得怎么样，他看到了一个干净整洁的教室，所有的东西都归类了，而且每一个玩具都整理得有序到位。孩子看着我笑了，我夸赞他归类摆放非常整齐。第二节课他来的时候，对于东西就不是乱扔乱放了，他会有意识地把东西用完之后放回原处，并刻意码放整齐。经过不到两个月的训练，孩子的秩序感完全建立了。

培养有规矩的孩子

培养孩子的规则意识是家庭教育中非常重要的一环，怎样才能培养一个有规矩的孩子呢？

第一，我建议家长们不要把规则当成控制孩子的借口，每个人都是独立自主的，都有自己的秩序和节奏，如果打乱了它们，就等于破坏了孩子的规则，我们刻意去安排，要求他们遵守我们的规则，他们是不会执行的。

第二，家长要懂得强制遵守的规则是反抗的开始。一切规则都是要自动遵守的，如果是在被动要求下才遵守的，那么刻意性就会让他有对抗意识。比如在家里要求孩子吃饭时必须坐好这个规则，这跟孩子要轻松、愉快地吃饭规则是冲突的。孩子就会做出反抗，在吃饭的时候惹大家都不高兴。所以遵从孩子的秩序规则，比粗暴地要求孩子使用我们的规则更加有效。

第三，不要对孩子有求必应。孩子脑海里会有很多要求，我们是不能一一满足的，我女儿小的时候，有段时间只要没满足她的要求就会哭闹、满地打滚，企图通过这些手段来达到目的，每次我都不会妥协，但我会陪伴在孩子身边，在她哭闹累了的时候抱抱她。当她的情绪稳定后，我会转移她的注意力带她玩别的，大部分时间她会很配合，偶尔她还会坚持继续要，但当看到我坚定地摇头时，她就放弃了。这里面的诀窍就是不跟孩子讲道理，接纳她有情绪的状态，给她爱的陪伴，通过转移注意力结束闹腾，坚定地说"不"，让孩子明白规则所在。

第四，对于孩子规矩的树立，及时肯定、奖励做得对的，提醒、纠正做错的是很有必要的方法。有段时间我在家里给孩子设立了一块哭笑板，每次做得好被肯定的时候就得到一个笑脸，每得到 10 个笑脸就可以选择一本自己喜欢的书作为礼物；相反，如果做得不好就会得到一个哭脸，一个哭脸就需要用三个笑脸弥补来取消。这个游戏刚开始的时候，孩子特别珍惜，每次想不守规矩的时候想想自己将得到哭脸，马上就会纠正自己的行为。时间长了，规矩的养成就水到渠成了。

在家庭教育中，培养孩子规则意识对他的成长非常有意义。想让孩子执行规则，我们应该提高自身对规则的遵守，做好示范，从生活点滴中影响孩子的规则意识。

孩子多大可以自己外出

从小培养孩子独立的习惯

我女儿两岁的时候，我有段时间天天带她外出吃早餐，刚开始我把刚好够的钱给她，她会自己拿去交给老板结账，然后我就渐渐给整张的，让她找钱；三岁多的时候，有一次去植物园，她说想喝酸奶，我就把钱给她，远远地看着她跑到百米之外的摊位去买；四岁的时候，我开始锻炼她自己从家里拿着钱去楼下的便利店买自己想吃的零食和家里需要用的物品；家里到市场步行只有五分钟左右的时间，七八岁的时候我就开始让她自己去市场帮我买菜。我发现女儿经过这样的训练之后，独立性增强了很多。相反，堂妹家的孩子和我女儿仅差一岁，她从小就把孩子保护得很好，万事代劳，生怕孩子吃一点苦，也不敢放手让孩子独立做事，更不敢让孩子独立外出。当这个孩子和女儿在一起的时候，差距就显现了，女儿独立自主，而这个孩子事事依赖妈妈。堂妹很羡慕我有这样的女儿，但是和她的担心相比，她宁可选择继续保护孩子。

孩子多大的时候训练独立外出

孩子独立外出指的是一个人独自去往某个目的地，全程无人陪伴的经历。孩子大约在 7~8 岁时就可以独立外出了。当然不是到这个年龄孩子才开始训练，而是可以自己独立去完成整个过程了。为了让孩子能独立外出，孩子会受到很多的锻炼，最重要的一点就是让孩子意识到，这是他自己独立的开始，独立探索、独立体验，同时还有很多独立的认知，都可以帮助孩子认识到，可以为自己做决定并承担责任了。另外就是帮助孩子提高自我保护意识。之前孩子都是在成人协助下完成外出，很多自我保护的行为并没有发生，但当他能独立外出的时候，他们的警惕性以及日常学习的自我保护方法才能派上用场。从此，孩子可以跟这个世界自由连通了，想去哪都行，只要有计划、有准备，就可以大胆去探索。在探索过程中，孩子会找到很多方法到达目的地，可以走着去，还可以坐车去；研究坐什么车去，以什么样组合的交通方式尽快有效率地到达目的地，会让孩子兴奋不已。

我的孩子第一次外出的时候，老大八岁多，老二只有六岁。她们两人相伴去外婆家，当时两个孩子感觉很刺激，有些小紧张，我搭乘出租车跟在她们的公交车后，看到她们在公交车上表现非常谨慎，左顾右盼，互相拉着手不说话。她们到了目的地后第一时间给我拨了电话，我非常激动地肯定了她们。我能够感受到她们对接受这次独立出行挑战的兴奋，以及这次经历带给她们的收获。

帮助孩子完成独立外出，你需要做些什么

为了帮助孩子完成独立外出，我们需要提前做哪些准备工作呢？

首先，肯定是安全知识的教育。第一，周围环境的观察。要让孩子知道周围什么样的人对自己是安全的，什么样的人是要离得远一些的。我会告诉孩子穿制服的工作人员我们可以靠近；如果感觉这个人很凶，或者是刻意接近自己的人、故意上来搭讪的人、以帮我们为由要带我们走的人都要远离。第二，告诉她们走路的时候一定要专心，要观察各种交通工具。比如公交车、私家车、自行车、摩托车这些对我们会造成伤害的交通工具的行驶方向，我们要如何躲避它们，在找不到路的情况下以什么样的方式问路，等等。

其次，是不要把自己的担心、害怕情绪转嫁到孩子身上。我经常听到家长跟孩子说，你一定要注意安全，不然你会有危险，那些拐卖儿童的人都是怎么下手的，得怎么预防，等等。也许刚开始只是为了提醒孩子注意安全，可是随着我们重复的次数多了，孩子越听越担心、害怕，他就没有动力去独立完成外出了。

再次，是要正向积极地对孩子进行独立训练。我们要身体力行地带孩子去亲身体验，而不是用嘴教。我曾经看过邻居教孩子，她直接就跟孩子说要求，之后问孩子懂了没有，虽然孩子嘴上说懂了，但是到做的时候发现孩子根本就不会，家长就认定孩子不认真听。其实孩子的右脑更强大，右脑的学习习惯是身体体验，所以我们与其给孩子不断地讲各种理论，不如带着孩子亲自操作一遍。就像我家孩子独立外出的第一次，我提前带着她们做了路线规划，完成之后再带着她们走一趟，找到沿途的路标建筑；乘坐公交车时，提问相关的自我保护知识，两次之后，孩子就成竹在胸了。

相信孩子是可以独立出行的，身体力行地支持孩子体验出行的喜悦和成就感，让孩子更有自信地成长！

第六章
孩子特殊表现的情绪管理

孩子的牙齿与糖

关于糖果的认知

经常有家长因为担心孩子会长蛀牙而拒绝给孩子吃糖。有一个周末，我邀请朋友到家里做客，客厅桌子上摆着零食盒，里面有糖。朋友一进门就注意到这个盒子，让我赶紧收起来，说自己的孩子吃糖不要命，会一次塞3块糖进嘴里。听到这样的描述，我知道这个孩子从未被满足过。我先是顺从了朋友的要求，之后在带着孩子们一起游戏时，把糖作为奖励给了完成游戏的孩子，因为我的孩子随时都能被满足，所以她们虽然很开心，但顺手就把糖装进了口袋里，没有马上吃掉。朋友的孩子看到糖的时候非常兴奋，急不可待地就要吃。此时，我让她看到我女儿的做法，还告诉她还能得到更多，如果她现在吃糖，就没法参加游戏了，当然就得不到更多的糖了。孩子立刻就明白了，可是她衣服上没有口袋，我就把我的一个零钱包给她用来装糖，零钱包上拴一根缎带，挂在她脖子上。之后她完全投入到游戏中，每得到一块糖就装入零钱包中，游戏结束，她也没有马上吃糖，而是很珍惜地一直带在身上。我对朋友说，孩子努力得到的都会珍惜，只要让她们对自己的奖品进行自我管理，不干预，孩子都很有数。当然日常还是要满足孩子对糖的需要，不被满足的孩子才会有难以控制的欲望。

孩子为什么爱吃糖

孩子爱吃糖是因为他们的味觉特别发达，通过吃糖可以让味觉得到开发，对大脑也有帮助。孩子的大脑活动频繁，会消耗大量的能量，而人体总能量的 55%~60% 来自糖，25% 来自蛋白质，12%~15% 来自脂肪，糖是人体的三大营养源之一，产热快，供能及时，在人体内分解最完全，对脑细胞能量的补充是最快的，也是大脑唯一的供给能源。因此，糖在孩子的大脑消耗中扮演着重要的角色，这也就是为什么孩子特别爱吃糖的原因。随着年龄的增长，人的大脑活跃度会逐渐下降，能力消耗随之降低，对糖的喜爱就会慢慢消失了。

关于很多家长担心的孩子吃糖会坏牙这事，我们来了解一下相关知识。孩子的牙齿叫乳牙，一共 20 颗，大约在两岁半前后就全部长齐了，随着孩子口腔空间增大，他们的乳牙会从六七岁开始换牙。对于乳牙换成齿这个过程，怎样才能给孩子带来更小的伤害呢？就是牙齿容易脱落。孩子的乳牙有两个特点可以满足容易脱落的需要：第一，孩子的牙齿没有牙根；第二，孩子的牙齿中空。基于这两点，孩子的牙齿即便天天刷牙，什么糖也不吃，5岁以上儿童龋齿的发生率仍然可以高达 70%。所以我们不能简单地认为吃糖就是坏牙的罪魁祸首。

我曾经见过一个孩子 3 岁了还没有吃过糖，妈妈觉得她这样做是对的，但是这个妈妈也反馈了一个让她很不解的现象：孩子总是坐不住，而且在很多时候是不愿意思考的，特别容易累，不愿意走路，睡觉也很多。我告诉这位妈妈，孩子大脑活动是很消耗体力的，糖是补充能量的重要来源，让孩子不吃糖是弊大于利的。

正确吃糖，自律管理

让孩子吃糖，是自律管理的开始。有个实验，给 30 个 4 岁的孩子每人 6 块糖，并告诉他们什么时候吃都可以，但这 6 块糖是他们 3 天内得到糖的总量，如果早吃光了，3 天内也没有补充。第一次实验时有一半的孩子在第一天就吃光了所有的糖，第二天、第三天他们只能看着其他孩子吃糖，那些没有吃完的孩子意识到糖的珍贵，开始控制吃糖的量，第三天结束时有 15%的孩子糖还有剩余。同一批孩子第二次参与实验时，只有两个孩子在第一天把糖都吃完了，第三天结束时有 50% 的孩子糖还有剩余。同一批孩子参与第三次实验时，第三天结束时所有孩子的糖都有剩余，甚至有的孩子到最后一天 1 块糖都没吃。这个实验告诉我们，让孩子自动去管理属于自己的权利，他们是完全可以有条不紊地按照自己的需求去安排的。这个实验后续的追踪发现，那些能够有效管理糖的孩子，他们对自己生活、学习的自我管理能力也很强。我把这个实验的方法也应用在了自己的孩子身上，她们在 4 岁时也在 3 天内分到了 6 块糖，结果跟实验的结果几乎完全一致，这个过程中老大的控制力略弱，而老二就管理得很好。通过这次实验，我慢慢将这种自我管理的方式延展到她们的学习用品、书籍和玩具等物品的管理上，效果都很好，至今都在影响着她们。

了解孩子吃糖的误区之后，您现在愿意给孩子吃糖了吗？您愿意让孩子进行自我管理吗？

比较心理是自食恶果的开始

别人家的孩子

我小的时候跟奶奶一起住，她总拿我跟别的同学比较。我在衣着上不太注意，她就把我跟邻居家的同学比，称赞人家会打扮；在学习成绩上又把我跟另外一个同学比，说别人是如何积极向上成绩优秀的。总之，我所有的缺点都有参照物对照，但是优点却从来没有拿出来跟别人比较过。这让我很自卑，之后每当有任务给我的时候，我会先想怎么逃避，而不是想如何面对困难去迎接挑战。

我的一位亲戚也曾经因为"别人家的孩子"而与女儿有过一段不开心的

经历。有一次，她跟女儿说起同事家孩子在英语竞赛中获得了一等奖，而她却没有入围。没想到女儿非常敏感并且很委屈地怨怼说："为什么妈妈总是说别人家孩子好，那不如找别人的孩子做女儿算了。"亲戚认为女儿不够虚心，本想用这种方式激她，让她"知耻而后勇"，没想到却遭到女儿如此大的情绪反抗。我告诉这位亲戚，不能总是盯着别家孩子的优点，却对自家孩子的长处置若罔闻；不能总是不遗余力地去夸赞别人家孩子的优秀，却对自家孩子吝惜一句真心的赞美，这样会严重打击孩子的自信心。后来亲戚改变教育方式，把自己的孩子当成"别人家的孩子"看待，不断发掘孩子身上的优点，孩子也变得越来越积极乐观，对学习的自信心也增强了。

比较心理的影响和伤害

很多父母心里都住着一个"别人家的孩子"，他们为了让自己的孩子快速进步，总是拿自己家孩子的缺点跟别人家孩子的优点比，企图让自己的孩子更加努力，但是往往会适得其反。

当一个家长活在比较心理中时，对孩子的第一个影响就是会让孩子自卑。孩子不相信自己有决断权，更不相信可以对自己的生命有把控力，父母总是拿孩子的短处比别人的长处，孩子就永远看不到自己已经做到的，甚至优秀的地方，这是孩子自卑的起因。第二个影响是孩子因为长期被比较，心情是压抑的，做得再好也得不到肯定，这时候就有了对抗情绪，如果注意力都放在对抗父母的评价上，孩子自然也就没有精力去为自己学习和进步了。第三个影响是孩子在受到比较心理影响后，就会喜欢找理由证明自己没错，所以也就不会把所有的时间精力放在去找解决问题的方法上，这样的孩子遇到困难喜欢逃避、依赖他人，不愿意独立作决定，更不想独立承担责任。

有一个 40 岁左右的来访者，他的年终考评结果很不如意，很多同事对他只要工作上出现问题就会推脱意见非常大，他也因此可能面临被公司裁员，压力巨大。谈话过程中，我发现这位来访者有一份很出色的履历，拿过很多领域的认证证书，按理说应该工作能力出色并且很有担当，可是却发现他的心理年龄与生理年龄并不匹配。经过了解，我得知他小时候一直活在与别人的比较中，人生一直处在极其自卑的感受里。走入社会以后把自卑就带到了工作中，导致了他在工作中遇到问题不自觉地就会推脱责任，而不是第一时间去寻找解决办法。此种状况同样也在家庭生活中发生，因为承担不够他已经失去了婚姻。

消灭比较心理，引导孩子成长

既然我们都知道比较心理对孩子成长的伤害，那么家长如何消灭这种心理，正确引导孩子成长呢？我觉得应该从以下几方面入手：

1.孩子出现问题的时候请先找自己的错误

当我们发现孩子和别人有差距的时候，其实是在聚焦我们怎么帮助孩子成长的问题。此时我们不应该马上去纠正孩子，而是应该先反思自己哪方面的教育做错了，或者不恰当才导致这个结果，找出自己造成孩子现有问题的根源，从自己改起是关键。

2.认识孩子和别人不一样的地方的重要性

发现了孩子某一方面和别人不一样，我们应该秉持扬长避短的原则，利用孩子这个不同之处，对孩子进行相应训练，来帮助孩子成才。我有一个来访者，孩子特别喜欢打人，有各种暴力倾向。从成人的角度看，这个孩子很不好管，但是我发现这个孩子反应速度特别快、很有力量，他的行动速度和身体的协调力也特别好。在这种情况下，我建议他父母给他报跆拳道班，让他进行相应的训练。果然这个孩子的优势得到了充分的发挥，很快就取得了黑段的段位。父母特别高兴，大家的注意力就转移到孩子这些优秀品质上，对他的暴力行为产生了忽略。之后这个孩子不再爱攻击别人，相反他的身体技能和身体素质都得到了充分的发展。

孩子和我们是不同的独立个体，应该有自己独立的想法和做法，而不是一直顺从我们。我非常渴望每一个孩子都能生活在一个完全平等的家庭环境中，不被比较，独立而有力量地活出自己。

不要成为易怒、焦虑、烦躁的家长

情绪失控的孩子

我组织了一次亲子户外活动，队伍里有个叫阳阳的孩子让我印象深刻。在和小朋友玩角色扮演的时候，阳阳与小朋友起了争执，阳阳突然情绪失控，号啕大哭，父母怎么安抚都无济于事。这让阳阳爸爸感到很尴尬，于是对着孩子发脾气说："你再哭就回家！"这话一出，阳阳马上开始歇斯底里发起飙来，哭喊的声音更大了。

有个同事家孩子读一年级，同事感觉孩子就像个"小炸弹"。虽然平日里是个有主见、爽快率直的孩子，但是一遇到不顺心的事，就立马发起脾气，满脸涨红、嘶声喊叫、乱摔东西，完全听不进劝说。每当这个时候，同事又恼又心疼，恼的是孩子无缘无故发火"找事"，心疼的是孩子红肿的眼睛、嘶哑的嗓子，然而自己却无可奈何。

孩子易怒、焦虑情绪的来源

心理学家有个很简单的方法可以预测一个 5 岁的孩子在 7 岁时候的受欢迎度，就是给他妈妈 5 分钟时间，让她谈谈自己的孩子。如果妈妈说起自己的孩子都是用一些温暖的词汇，充满喜悦和自豪，就说明母子互动良好，这个孩子到 7 岁的时候也会跟同学相处得很好；如果妈妈一说起孩子就是各种抱怨，明显产生愤怒、焦虑、烦躁的情绪，那这个孩子就很可能特别具有攻击性。我们知道小孩真正面对社交生活，是在 13 岁以后，而在此之前孩子跟父母的互动与其说是反映了孩子是什么人，不如说反映了父母是什么人，孩子的情绪完全来源于我们。

我的第 233 号来访者的孩子特别焦虑、非常敏感，接受不了别人说他不好，做什么事都很难以坚持。通过跟他父亲对话，我发现孩子的爸爸也是个一触即发的代表人物，孩子和爸爸在家基本是同样的状态。比如孩子刚开始做事，爸爸就在旁边唠叨做什么事得认真、注意力一定要集中、不要磨蹭、不要做小动作、做不完作业就别想吃饭、做事走神小心收拾你……试问这些语言一直陪伴在孩子的学习和生活中，谁还能在这种威逼之下专心致志地做自己的事呢？很明显，这位一触即发的家长影响了他的孩子。在我的帮助下，孩子爸爸坚持做五行穴位敲击，他的情绪得到了有效的平衡，脾气也慢慢从暴躁、易怒变得平和、坚定，当然孩子也随着父亲的变化，发生了很大的改观。

调节情绪，保持心态平和三步法

1. 坚持五行穴位敲击

五行穴位敲击的功用是帮助我们进行情绪平衡，可以整体有效地调动我们经络的流动。接受过情绪平衡训练的家庭，有一半以上都得益于五行穴位敲击法，无论是家长还是孩子，身心平衡状态都在日积月累的锻炼中有了显著的提升。

2. 坚持注意力觉察训练

注意力觉察训练包括两个阶段的训练，第一阶段为呼吸训练，每天早上起床后，我会在床上坐大约 10 分钟，把所有的注意力都放在腹式呼吸上。吸气的时候下腹部鼓起，呼气的时候整个腹部收缩，一呼一吸数一个数，从 1 数到 10 之后停下，再重新从 1 数到 10。最初，我经常因为走神忘记数到哪里，还会快数到 100 了才发觉数错了，这都说明我的注意力不好。注意力是耐心的保证，如果注意力不够集中，很难坚持完成一件事情。第二阶段是在生活中刻意控制自己的注意力，把注意力聚焦在做的某件事上，用心去感受整个过程。比如我在洗碗时会不断提醒自己，把注意力放在感受洗碗的过程中，感受指尖触碰饭碗的感觉，感受碗在洗的过程中从粗糙的表面到光滑的表面的变化。在这个过程里，我会经常走神，没法沉下心来去感受，那时不要先评判自己怎么又走神了，为什么注意力这么差，发现自己走神的时候，接纳自己走神的状态，然后再把注意力重新拉回当下即可。

3.把削弱自己力量的状态调整为增强自己力量的状态

这是一个思维训练。我们在生活中总是会有一些负向的言行，比如当我们说"我怎么又胖了"这句话时，会感觉自己的力量被抽离了，整个人会变得无力，这就是削弱力量的状态。而如果我们这样说："我的身体变得更强壮了！"就会感觉整个人变得有力量了，这就是增强力量的状态。

我们教育孩子的时候也是如此。当说到"这个孩子就是磨蹭"时，削弱力量的语言会让我们产生情绪，当然就会阻碍我们以平和的方式跟孩子沟通。但当我们说"这个孩子做事真细致"时，增强力量的语言会让我们感觉安定，自然就能从不同角度帮助孩子看待问题了。当我们能改变自己思维模式时，也就能把生活中一切负向的评判都成功地转化为正向力量，那种让自己产生冲动、易怒、焦虑、烦躁情绪的来源就消失了。

调节情绪，平衡自我！让我们带领孩子一起成为平和、坚定、正向积极的人吧！

从向往上学到害怕上学只需要一步

孩子忽然害怕上学

第270号来访者的孩子小峰是少先队大队长，品学兼优，连年被评为"三好学生"，孩子对上学这件事一直都是向往并且积极的。但是，有一天孩子一反常态，到了起床时间仍蒙着头赖在被窝里不肯起来，对父母的催促无动于衷，只是说别来烦我，后来严肃地跟妈妈说不想上学，一提到学校就感觉很难受。后来的一段时间里，每当该去上学的时候，他总是紧张得面色发白，不是不断地跑厕所，就是干呕或肚子痛去挂急诊，可每次检查结果都正常，一到下午全部症状都自行消失。一位优秀生为什么会从爱去学校到视学校如战场呢？经过跟孩子聊天，我得知小峰长期以来一直稳坐全班第一的位置，学习上从未受过挫折，可是最近的一次测验中，第二名的成绩总分只比他少半分，一种威胁感涌上心头，让小峰心里极其紧张，从此就心神不宁，无心听课，想到父母对他的期望和平时自己在亲戚、朋友中优秀生的形象，压力越来越大，最后害怕去学校了。

恐惧的来源

为什么一个天生爱学习的孩子却会从向往上学到害怕上学呢？

第一，如果孩子的学习探索被阻止了，就会让他们失去学习的兴趣。比如看到孩子做题出了很多错，我们会跟孩子说，这么简单也能做错，再错就一道罚改10遍，结果却是越罚孩子错得越多。此时孩子已经失去了学习的乐趣，在用对抗的情绪应付处罚，学习的意义变质了。与其让孩子对学习失去兴趣，不如让孩子通过学习找到更深的快乐。我在家里给孩子们定了一些奖励制度，比如检查女儿作业看到错题时，我只告诉她有几道题错了，但不告诉她错在哪里，如果自己找到全部错题并改对，就可以获得一个五角星作为奖励，5个五角星可以兑换一个礼物，10个五角星可以兑换一个愿望。这让孩子感觉学习有动力，很快乐。

第二，当孩子面对家长的否定多于肯定的时候，就不爱学习了。孩子为学习是付出努力的，可是换来的却是家长的挑剔、指责，孩子的学习动力就会慢慢消失。比如我们在家里给孩子检查作业时，经常会说为什么字写得那么难看？怎么出错那么多？我们在批评孩子的时候，完全忽略了孩子把作业已经全写完的事实。努力完成的没有得到肯定，小小的瑕疵却被指责，孩子会越来越对学习产生消极情绪，直至不再想上学。

第三，孩子总是被要求完成超越自身能力的目标。我们总会把自己的目标当成孩子的目标，比如我们要求孩子期末考试进步两名，或者数学考到90分以上，这与孩子内心深处只要考得不比现在成绩差就行的目标相去甚远。让孩子用自己的方法和节奏为自己订立学习目标并完成，才能让孩子有动力学习。比如我的大女儿从小上课注意力就不集中，我经常会被老师约谈。谈话之后，我没有指责孩子，只是告诉她老师找我谈了什么，让她自己决定以后以什么样的状态去听课，听课时遇到什么困难可以求助。大女儿是听觉学习型，她如果一直盯着老师很容易走神，我就建议她在上课听讲的时候，拿笔不断地在草稿本上乱画，这样注意力可以保持得更久。女儿用了我的方法效果不错，之后还在此基础上开始记笔记，听讲的效率也越来越高了。

让孩子学习变好必须做的几件事

1. 孩子只要持续付出，不管结果怎样都要及时给予肯定

我大女儿特别喜欢早起晨读，很努力，可是她的学习结果和努力并不成正比，付出得多收效少。老公跟我探讨是不是她的学习方法有问题，但我还是继续尊重她的学习节奏，给予了及时的肯定，我告诉孩子：你真的很努力，妈妈都自愧不如，我要向你学习。得到尊重的孩子，干劲十足，在跟我一起做了几次总结后，找到了适合自己的方法，根据记忆的规律她选择晚上睡觉前背诵，早上早起写作业，这样做的结果是记得更快、更牢，学习效率更高。

2. 当我们想要挑剔孩子学习方式的时候，先让自己进入学习状态

将自己的学习方法作为示范传递给孩子，而不是只用嘴讲道理。比如我看见大女儿学习动力不足时，我会每天晚上跟她同时开始学习，睡觉前洗漱时我们会一起把当天学习的知识点互相分享。有了我的支持和陪伴，女儿的学习动力十足。

3. 孩子遇到困难的时候，千万别讥笑、挑剔、训斥

孩子遇到困难的时候，我们最应该做的是恭喜孩子，告诉他遇到了挑战

是好事，是成功的开始。每次女儿遇到困难的时候，我会给她讲笑话，当她放松下来后，我就倾听她的诉说。她哭，我就抱着她；她愤怒，我就递上一杯水，等她的情绪慢慢平复下来，我就会通过提问启发她站在不同角度重新思考问题。当她豁然开朗时，我会给她紧紧的拥抱和用心的肯定，赞许她如此勇敢地完成了一次挑战。

4. 不强迫孩子接受我们认为重要但是他并不想学习的内容

比如，我们觉得孩子应该上某个辅导班，但是孩子却不太热衷，我们应该反过来想想，逼迫孩子做不感兴趣也不能坚持的事。就是浪费时间，把同样的时间放在他有兴趣且能坚持的事上，完全可以事半功倍。

5. 要承认我们的孩子不是全才

允许孩子在某些方面是优秀的，而在某些方面是落后的，我们能够接受孩子的缺点，也能看到孩子的优点。让孩子成为完整的人，才是最好的教育。

学习成绩不是母慈子孝的条件

学习成绩的伤痛

我有一个来访者，小伙子实在太能干了，用他妈妈的话说就是"什么毛病都没有"，处处可圈可点，但是一说到学习成绩，妈妈就黯然神伤了。孩子运动能力很好，并且特别孝顺，在家里乐呵呵的，喜欢读书，喜欢动手，很多东西他都会修理，只要学习不忙，他都主动给爸爸、妈妈做饭，整理家务，出门特别有礼貌，帮助老人拿东西，亲戚邻里都特别喜欢这个孩子。他方方面面是那么优秀，学习成绩却成了打击他的唯一致命武器。孩子妈妈来找我，希望我能帮助孩子树立目标，并且能帮他自主地完成学习，让他不再因为学习成绩不好而有人生上的遗憾。

为什么我们那么在意孩子的成绩

我们之所以那么在意孩子的学习成绩，是因为这是可以最直接考核孩子是否在进步的相对客观的方式，也是和别人家的孩子作比较最直观的方式。于是督导孩子努力学习并且取得优异成绩，就成了我们的任务。换言之，我们之所以重视孩子的学习成绩，完全出于我们"面子"的需求。

我告诉那个来访者的妈妈，谁身上都有缺点，孩子既然有这么多优点，就不应该只盯着学习成绩这个缺点不放，对孩子也不公平。孩子妈妈虽然知道这些，但是她觉得这个社会没有成绩就没有未来。我跟这个妈妈讲了一个知识点：从很多心理学家做过的实验中发现，很多学业特别优秀的人，在毕业之后，因为特别求稳，认为自己在稳定状态下更能发挥自己的能力，所以他们很少有建功立业的机会；而那些学习成绩落后甚至不被老师、家长看好的孩子，反而异军突起，大胆创业，取得不俗的成绩。在心理学上这叫孤注一掷，学习成绩落后的人会把自己所有的力量全部押上，接受生命里最重要的挑战，自然取得成功的概率会高许多。我本人也有同样的经历，从小学习成绩很一般，而且状态不稳定，状态好的时候可以考到前几名，状态不好的时候成绩就一落千丈，考试发挥失常是家常便饭，我的学习成绩是备受诟病的，大家都认为我是一个学习不稳定而且不上进的孩子。但是就像那个来访者一样，我其他各个方面都不错。在我成长的路上，我自知成绩不占优势，就会在别的地方多下功夫。工作的时候我特别能吃苦，转换了三个行业的工作，每个领域都能成为佼佼者，这确实是我全身心投入的结果。我本人乃至很多人的案例都说明了，学习成绩并不能代表一切，成绩与知识掌握之间是有关联的，但一个学习成绩特别好的人不见得知识掌握得就很扎实，很多人是考试型的，会考试的孩子不一定会使用知识，不会考试的孩子也不代表知识应用有问题。我就是那个不会考试，但是特别喜欢知识并愿意使用知识的人。当然，虽然我们不必因为成绩否定孩子的一切，但是也可以用正确的方法帮助孩子提高成绩，使他们在人生的道路上更加顺利。

如何帮助孩子提升成绩

帮助孩子提升学习成绩是一项系统工程，我们一定要有策略、有步骤，用一个好的心态去辅助孩子。

1. 对孩子的考试技能进行训练

想要成绩好，就要对孩子的考试技能进行训练。要知道考试是让我们升学的最便捷通道，与其不断地叮嘱孩子要认真考试，不如研究一下考试技能。首先对卷子里的考题进行分析：重点、分值高的地方在复习的时候需要多做练习；基础知识不能丢分，一些不能失分的题，一定要再三检查；考试在不能马上做出答案的情况下，一定不要停留，应该继续往下答；即便某次考试对自己来说发挥失常，也不要影响自己下一次的考试；多找练习题让孩子做，并不只是为了探查题型、看看题量，让孩子熟中生巧，而是总结这一类题目的特点、找出它们的共性、出题思路是什么等。有了这样的技能训练，孩子的考试成绩提高才会更快一些。

2. 验证孩子对知识应用掌握的程度

我们要验证孩子对知识应用掌握的程度，更要重视的是孩子在生活中应用知识的能力。比如我女儿经常会把历史、地理、生物以及她在各学科中学的知识在生活当中拿出来说一说。有一次我们在吃一盘菜，她马上用生物知识解读了这种菜的生长原理；天气预报说变天了，她就用地理知识告诉我们为什么在这个季节会经常变天。她能这么灵活地把知识放到相应的地方进行应用，对我来说比她考试得高分还高兴。

3. 让孩子对自己的成绩有感受

让孩子对自己的考试成绩有感受，比让我们有感受更重要。我女儿同学考试成绩不理想，他的第一反应是晚上一定会被妈妈骂，孩子的这个反应说明考试成绩对他妈妈更重要，他完全没有愧疚和压力感，坐等妈妈替他承担责任，他唯一要做的就是挨骂。从心理角度大家扯平了，你打也打了，骂也骂了，下次考试一样跟我没关系。但如果父母对孩子的成绩不置可否，完全不在意，出于自尊心，孩子自己会感觉愧疚并产生压力，考不好的结果就由孩子自己承担。此时，父母可以帮助孩子针对考试成绩进行分析，让孩子清楚自己的现状和努力的方向，当然整个过程一定要情绪稳定，态度平和。有了我们的支持，孩子会更勇敢、坚定地面对当下，开始为自己的目标努力付出。

肛欲期——一个藏起来排便的特殊时间

一直处于肛欲期的孩子

我一个来访者的孩子接近 5 岁，已经有两年的时间一直是站着排便，而且要藏起来，必须拉在裤子里，这让他的妈妈头痛不已。经过了解，我发现一两岁孩子就应该结束的肛欲期之所以持续到现在，完全跟妈妈不断地在提醒他排便，以及妈妈强迫孩子按照自己认为可行的方式排便有关，这些都让孩子有对抗的感觉，孩子的肛欲期也就一直持续下来了。

为什么孩子会有肛欲期

孩子之所以会出现肛欲期，是因为在孩子 1~2 岁时，主要通过粪便的保留和排除来获得快感。随着他们括约肌的发达，开始能在一定程度上控制大小便了，尤其是大便，在大便积累造成强烈肌肉收缩的时候，也就是当大便通过肛门的时候，黏膜会产生强烈的刺激感，这样的感觉不仅不难受，还能带来高度的快感，此时期孩子对憋大便是情有独钟的，当然这也是母亲训练孩子学习有规律排便的最重要时期。

排便对孩子还有一个重要的心理意义：大便是身体的一部分，在排便的时候就相当于作出了贡献或者是献出了礼物。通过排便孩子可以表达自己对环境的积极服从，如果他憋着则表示他是不肯屈服的，这就说明在他周围有很多压抑、控制他的力量存在。因此从主客体的关系来说，大便在某种意义上就变成了孩子和成人之间保持某种关系的工具，孩子们感受到他们的排便行为在一定程度上影响着周围人的情绪。

一般孩子的肛欲期经历两个月就能结束了，也标志着孩子向着下一个阶段——生殖器期迈进了。这两个月中，如果成人对孩子大小便的训练太严格，而且让孩子感觉紧张，心理压力大，就会扰乱孩子控制大小便的自然节奏，孩子将大小便排在裤子里的次数就会增加，肛欲期也就被顺延了，当然孩子的发展就出现了停滞的状态。明白了以上道理，我们就会发现肛欲期与生殖发育有着密切的关系：当孩子经历了憋大便的快感之后，他们性能力的发展就会被唤醒，而且从此之后孩子就会产生身体里有冲动感的体验，有个别孩子还会出现自慰的现象，虽然年龄很小，但是也足以让他们知道性冲动是天生具有的原始动能。当我们发现这些现象的时候不要大惊小怪，这是我们人类成长中的必经之路，每个人都会有，只是发展的方式不同。

肛欲期是孩子要求独立的开始，当一个孩子想要与成人之间形成合作关系而不只是单纯的服从关系时，孩子的肛欲期就会持续更长时间；如果一个成人对孩子的尊重是足够的，孩子很快就能结束肛欲期。我妹妹家的孩子在4岁的时候出现了肛欲期，因为他之前大部分时间都是跟老人生活的，没有跟父母之间形成过合作关系，肛欲期在一两岁的时候没有发生过，4岁左右跟随父母生活了，他的肛欲期表现开始了。孩子刚出现这样行为的时候父母是不理解的，我妹妹感觉很恶心，要我帮忙指正他，我就跟我妹妹解释了孩子的生理发展特性，建议她一定要趁着这个时间跟孩子和解，缓解他跟父母一起居住的压抑，同时也通过这个时间发展亲密的亲子关系。

因为肛欲期通常会给成人带来一些烦恼，从而让我们忽略了孩子这个时期的心理需求，比如每当我们去处理孩子的粪便时就会产生烦躁情绪；再比如我们担心孩子一直这样会影响他的身心健康，甚至因为这种恶心的行为会影响他的社会交往；另外就是想通过管制孩子的排便来建立让孩子服从自己的关系，认为只要我们能训练好孩子排便，我们从心里就觉得孩子会顺从我们了……

如何帮助孩子顺利度过肛欲期

在孩子处于肛欲期的时候，家长一定要以平和的心态看待，对于孩子来说这是人生必经的一个阶段。我们家长需要做的是不训斥、不唠叨、不管制，并心甘情愿地帮助孩子清理裤子中的粪便。在这个过程里，我们还可以邀请孩子跟我们一起来清理，趁机教会孩子料理自己的事，孩子在处理自己粪便的时候也会感觉恶心，他就会从心里知道这样做是给自己添麻烦，而不只是给爸爸、妈妈添烦恼。我们还要做的就是给孩子更多亲密的抚摸和亲吻，给孩子很多耐心，允许孩子独立探索，让他做那些我们以前不让他做，但是他们又特别渴望做的事情。大人与其不断地去保护孩子，不如直接教会他怎么做，这样既可以帮助孩子与我们建立融洽的合作关系，完成我们之间平等地位的塑造，也可以帮助孩子尽快结束肛欲期。

第七章

孩子行为的情绪管理

打人的孩子会手巧

让父母头疼的打人习惯

女儿读幼儿园的时候，班里有个叫大兵的男孩总是喜欢动手打人，家长群里经常能见到同班同学家长的诉苦：大兵在吃饭的时候因为同学占了他的座位就出手打人；因为游戏课上被其他同学抢先领走玩具而打人，因为谁说了他喜欢打人他就再次出手……大兵的父母因为孩子打人的问题苦恼不已，不但觉得孩子难以管教，更是感觉在同学家长面前抬不起头来。在和大兵父母聊天的过程中，妈妈向我提及孩子在家也经常有严重的攻击性行为，甚至早上刚起床的时候就要爸爸陪他打一架。

为什么孩子喜欢打人

在动物世界里有一个规则叫作"打闹原则"，所有高级的哺乳动物，它们的幼崽都会在很小的时候互相打闹，像狮子、老虎还有豹子，它们的打闹过程是很凶险的。我们都认为这是个危险经历，但恰恰动物是通过这样的方式来训练自己对力量的掌控能力。人是高级哺乳动物，我们也会遵循动物世界里的打闹原则，我们小时候的打闹就是我们获得自控力量训练的一种方式，同时通过打闹，手部的触觉训练也被开启。打闹是孩子进行的自发训练，并不是成人认为的暴力行为。

打人对孩子有着重要的意义，首先，在孩子的语言发展相对缓慢的情况下，最早和周围的人进行沟通的方式就是打人，他们通过身体接触得到别人及时的回应。通过打人还可以训练孩子的手部力量掌控力，让手部的肌肉更加灵活，使用工具更到位。比如，孩子伸手去打别人的时候，力道掌握到什么程度可以既让别人及时回应，又不会反攻自己，这需要经过反复练习才能做到。但如果在孩子打人时总是被成人关注、训斥或指正，并被强调他的打人行为是不对的，就会形成负向加强，孩子感觉自己的行为被"认可"了，就不会再尝试建立其他的沟通方式，会一直使用打人的方式进行沟通。有些家长会用打孩子的方式来让孩子知道打人是不对的，这恰好做了一个负向示范，让孩子知道只有暴力才能解决问题，长此以往孩子的人际关系会很紧张。

我的第 733 号来访者因为打人被要求转学两次，小孩只有七八岁，他很委屈，觉得跟同学们关系都挺好的，他只是想帮助这些同学纠正他们的错误行为，他从来没有想过要攻击他们。我们在沟通的时候发现，他两三岁的时候曾经用这样的方式去跟别人建立沟通关系，但是被爸爸错误地认为是在对别人进行暴力攻击。爸爸采取的纠正行为就是打孩子，他觉得以暴制暴让孩子有体验才能让他停止攻击。可是孩子在接受这样的教育之后，认定在与别人的互动中采取暴力是最直接有效的。经过努力，我们帮助孩子学会并建立了更多与别人沟通的方式，还让父亲向他道了歉，同时父母也转变了对他的态度，给了他更多的关爱，孩子在半年以后重返校园，成了一名优秀的学生。

帮助孩子顺利度过"打人期"

既然我们知道了孩子为什么会打人，就应该用科学的方式帮助孩子顺利地度过"打人期"，以下几个方法可供家长们借鉴：

第一，我们要更多地给予孩子手部精细动作操作的训练。做家务和去早教中心接受专业的教育训练是比较好的方法。因为手部精细动作发展顺序和方式是不同的，各种与手指有关的动作，以及手指间的配合协调都需要训练，当我们能够通过教具或者做家务来满足孩子手部发育的需求时，就可以替代他们以打人的方式来训练自己了。

第二，不应该阻止孩子的手部探索，鼓励试错，千万别要求孩子一定要做对。比如，有一次我小女儿在家里倒水，水洒出来了，我没有责怪她把水洒了，而是告诉她水洒了没关系，我们一起想办法把水擦干净。我先教她清理洒出的水的方法，又教会她倒水的方法，然后她就乐此不疲地重复操作起来。还有一次她拿着一个小茶壶倒水，觉得很有趣，就尝试倒进不同的杯子，再从杯子里把水倒进壶里，就这样简简单单的一个游戏整整玩了一个小时。这样的操作，让她的手得到了很好的训练，哪还有空去打人呢？

第三，孩子如果已经开始打人了，请给予孩子负向的忽略和正向加强的训练。在孩子打人的时候要完全忽略，不作出任何反应，我们的任何反应都会让孩子误认为是对他行为的关注。当他不打人并且用手做有意义事情的时候，我们要马上正向肯定，通过这样正向加强和负向忽略的训练，孩子打人的问题很快就能解决。

第四，我们要改变自己对孩子打人是暴力行为的认知。更加客观公正地看待孩子的打人行为，保持平和的情绪，知道我们的孩子只是因为手部的精细动作发展需要才去打人的，而非故意做个坏孩子。我有个朋友的孩子喜欢打人，当我告诉她孩子打人只是完成沟通和触觉体验的一种训练方式后，朋友会在孩子打人的时候马上转移孩子的注意力，带孩子去做家务，不再像以前一样训斥他。一段时间之后，孩子会做很多家务了，比如摘菜、洗菜、擦桌子、扫地等，只有四岁的孩子居然可以站在板凳上，在成人的协助下完成煎蛋。

手巧才能心灵，一个喜欢动手的孩子，智力发展才会更快速。大胆允许孩子去做手的探索训练吧，这会是我们一生中最正确的决定。

吃手咬指甲的酸爽你不懂

爱吃指甲的孩子

我小女儿很小就开始吃手、咬指甲，有个阶段她的指甲被咬到流血。那段时间她在学习弹钢琴，每一次秃秃的手指肚按在琴键上的时候都会有酸痛感。后来，我发现她是通过吃手、咬指甲来帮助自己放松的，了解这些后，我开始探索更多帮助她放松的方法。每天晚上睡觉前，我会让小女儿听我录制的放松音频，经常带着她做穴位敲击，及时缓解焦虑情绪带给她的影响，同时我给她指甲贴上了漂亮的贴花，既让指甲看起来很漂亮，也让她无法再咬动指甲，一段时间后她就改掉了吃手咬指甲的习惯。

咬指甲与放松的关系

从心理角度来说，咬指甲可以有效释放我们的身心压力。比如，孩子吃手睡觉就是为了满足身体放松的需要，吃手看电视也是为了缓解各种刺激画面出现时身体过度紧张的反应。孩子在学习时，经常会有些奇异的想法或记忆涌上心头，不仅会分散他们的注意力，影响学习效率，还会让孩子养成不良的学习习惯，如果能让孩子头脑里的胡思乱想都停下来，他们的注意力和学习效率就会大大提升。吃手、咬指甲就是缓解头脑乱想的好方法，这方面我有很深的体会。从小我就发现自己读书的效率很低，看不了两行就走神了，但是当我能够把手指含在嘴中，咬着指甲看书的时候，就可以一口气读半本书，有了这个方法，我成了一目十行的速读专家。这个方法对认真听讲也有用。另外我还发现，通过在纸上画画、在橡皮上戳眼儿、把书的一角卷起来等这些无意识的动手方式，也可以让自己的注意力更集中。

吃手、咬指甲是从口欲期开始的，孩子在出生后 20 天前后就出现了口欲期。通过吃手，孩子可以意识到除了嘴之外，手也是自己身体的一部分，之后孩子就可以用手去完成触觉感知，以及物品的认知了。孩子会用手拿物品放到嘴里，用嘴和手一起确认物品的形状和性质，体验物品硬还是软，这些行为的出现都是为了帮助孩子完成独立认知的学习。如果我们只是为了干净，简单粗暴地阻止孩子吃手，那么吃手、咬指甲的习惯很可能会追随孩子一生，如果你想让孩子的学习更有效率，注意力更集中，那就请在口欲期时满足孩子吃手的需要吧。

帮助孩子摆脱吃手、咬指甲的习惯

在孩子出现吃手行为时，千万不要强令他停止，因为如果我们只是单方面阻止他吃手，而没有帮助他建立新的集中注意力的方式，孩子的秩序会被我们打断，就会产生焦虑情绪。这样不但不会让孩子停止这种习惯，反而会让孩子由此产生对抗的情绪，并坚持吃手。以下几点改进方案可供家长参考：

1. 不要给孩子过多的压力

要寻找引起孩子紧张的环境并及时消除，父母和孩子建立融洽和谐的亲子关系，给予孩子足够的接纳，总能看到孩子身上的优点，不会盯着孩子的缺点不放，愿意站在孩子背后，无条件地支持他。

2. 采取负向忽略和正向加强的训练

当看到孩子吃手咬指甲的时候，要采取负向忽略和正向加强的训练方式。看见孩子吃手的时候家长不要说话，要完全忽略孩子的行为，当他用手做正常事情的时候，我们要立即肯定和鼓励他，孩子的新习惯就会更快建立。

3. 让孩子动起来

我表妹家有个两岁半的孩子很爱动，我跟他在一起的时候，会不断地给他下指令，一会儿让他帮我端水，一会儿又要求他拿东西给我，一刻不闲中孩子玩得很开心。一个有事情做的孩子会觉得自己有价值，所以让孩子为我们多做事情，让孩子动起来，孩子自然不会去咬指甲了。

4.培养孩子的自控力

我女儿喜欢咬指甲的那段时间，我会带她去自然博物馆看一些寄生虫的实物，让她知道把手放在嘴里是不卫生的。后来孩子一想到那些寄生虫，就会控制自己不再把手放在嘴里了。

我们要意识到孩子吃手咬指甲不是恶习，要客观公正地去看待这个行为，帮助孩子找到让自己放松的新方法。在孩子已经做到或者已经完成的事情上，多给他及时有效的肯定和赞美，这才是让孩子摆脱吃手、咬指甲习惯的最有效的方法。

多动的孩子更易成才

孩子多动的烦恼

一个朋友向我咨询孩子多动怎么办，她9岁的儿子铭铭经常发生一些不受自我控制的多动行为。比如，学校早操时，别的小朋友都认真做操，他却故意东倒西歪，一会儿碰一下这个同学，一会儿碰一下那个同学，天上飞来几架飞机，他就一直望着飞机；上课时经常坐立不安，其他小朋友在朗读时他常常被外面其他事物所吸引，总是看窗外；铭铭还喜欢把一条腿搭在旁边小朋友的椅子上，或是打扰前后桌的其他小朋友，只有当老师点名批评他之后，他才有片刻的停止，但眼神根本不关注老师和黑板；写作业时精力也不集中。

孩子多动与好奇心、探索力及行动力的关系

如果一个孩子多动，在排除生理疾病问题之外，就说明他对周围一切保持着强烈的好奇心，这是每个孩子天生都具备的。在孩子的字典里从来没有"害怕"这个词，尤其是在一岁以内，他们的行动力特别强，只要发现自己感兴趣的就会立刻行动起来，这跟成人是截然不同的。孩子善于用身体体验学习，成人更善于用大脑思考，如果说一个孩子的好动是学习的唯一方法的话，那么支撑他学习的工具就是好奇心、探索力，以及超强的行动力。

孩子的多动与受挫体验、坚持不懈有着重要的关系。一个好动的孩子，他遇到的挫折就会多，失败的体验也会多，如果在这个时候我们没有阻拦他，也没有给他们讲各种道理，孩子就会觉得受挫和失败是最自然的体验，还会因此产生成就感，也就给了孩子坚持不懈的理由。有一个儿童心理实验，科学家把孩子分成两组，完成同样的任务，第一组孩子完成任务的过程中，使用什么方法成人都不给予指导，全部都是鼓励，不管成败，没有任何负向评价，孩子被允许用他们的方法探索尝试；另外一组孩子用什么方法成人都会阻拦，并讲很多道理，试图让孩子遵从成人的方法完成任务，让孩子有明显的限制感，而且他们做事的过程中，很少受到鼓励和肯定。实验结束后发现，第一组孩子遇到困难勇于挑战，并坚持不懈，而第二组孩子遇到困难后会先选择放弃，还会找很多理由来说明不是自己不想坚持，而是这个事太难。这个实验告诉我们：在一个好动的孩子进行好奇探索和采取行动的时候，只要我们在他们受挫和失败时及时给予正向肯定和积极的支持回应，孩子就会有勇气接受各种困难的挑战。

我有一个来访者的孩子读五年级，这个孩子做什么事都不能坚持，连去上辅导班，也最多坚持三天。经过了解，我发现孩子在小的时候曾经被打击得很严重，做什么事父母都有一堆道理给孩子讲解，孩子一开始是有反抗的，他不想听从父母的，他很愤怒，会发脾气，也会跟父母发生争执，但是因为父母采取了各种软硬兼施的手段，让这个孩子不得不放弃挣扎，做个"乖孩子"。后来，孩子即使有了什么想法，也不再做任何努力了，因为不

管怎么努力，只要不符合父母的标准，就会被指正。而且他还发现，只要他不坚持，父母就会很生气，这让他感觉很痛快，从此以不坚持的方法对抗父母就成了他的"撒手锏"。知道了这些，我首先让父母给孩子道歉，把多年来自己对孩子的控制做了深刻检讨，然后让父母彻底放手，不再干预孩子的一切决定，尊重孩子做出的一切选择，包括不上辅导班。在接下来的两个月中，父母很痛苦，已经习惯了掌控孩子的他们感觉无所适从，为了转移自己的注意力，他们俩就报班去上课，报名参加很多社会活动。两个月后，孩子发现父母真的不管自己了，主动提出针对现在学习最吃力的学科去参加辅导班学习，并坚持了一个学期。

我多年的经验是，只要家长肯做出改变，孩子就一定会跟着改变。

正向引导，积极探索

既然我们知道了孩子多动并不一定是坏事，也知道了多动和智力开发有关系，那么我们就要认真、积极地开展对孩子的训练了。

首先，要让孩子尽早独立自由地去完成更多的探索。比如，我很早就训练小女儿自己洗漱、吃饭、穿衣、脱衣、遇到困难的时候求助的能力，在生活中还要她帮我做一些家务，做家务过程中可以更多地使用工具，不仅孩子的身体学习体验会得到完善，她们对日常生活的好奇心也得到了满足。曾经有个来访者，孩子一刻也不停，我跟孩子妈妈一起做了一个日常计划，从早上一睁眼到晚上睡觉前，把孩子该做的事安排得满满的，比如，早上自己穿衣服、自己吃饭，把碗放到水盆里，饭后要帮助大人收拾桌子、扫地，晚上要帮助爷爷打理花卉，等等，总之，家里要做的每一件事都要让孩子分担，让他参与其中。这个多动的孩子的时间都被占满了，他所有的多动都变成了可以协助家长的有意义行为，虽然有些添乱，但是因为能够跟大人一起合作做事，孩子的多动行为慢慢得到了改善。

其次，要多倾听孩子多动的经历分享。多动的孩子他所看到、听到和摸到的东西和我们的体验是不一样的，很多时候会给我们意外的惊喜。比如，我的孩子小的时候因为多动，她总能看到墙角缝里的一些东西，有一天她跟我说沙发后面有一团东西很好玩，我挪开一看，发现是一个长满毛的烂橘子！

再次，给多动的孩子更多鼓励，让他充满勇气地去接受各种挑战。有一次，我的孩子因为多动把碗砸了，我没有质问孩子为什么砸了饭碗，而是告诉孩子要怎么保护自己的安全，我带孩子把碎碗片收集起来，然后装在袋子里把袋口扎紧才放到垃圾桶里，我告诉她，碗的碎屑有锋利的切面，如果直接扔到垃圾桶里，清扫垃圾的人会被扎伤手，孩子在学会保护自己的同时，也学会了保护别人的方法。

跳出对多动孩子的评判，关注孩子多动背后的秘密，引导孩子积极探索、支持孩子的行动力，才是帮助多动孩子成才的最好方式。

你的孩子"会说话"吗

说不明白事的孩子

我有个亲戚家的孩子说话说不明白，亲戚很担心孩子的智力发育有问题。见面之后，我发现这个孩子说话并不是含混不清，而是没有重点，比如，我问他今天为什么到这儿来找我，孩子告诉我说是妈妈要他来的，接着就说他在幼儿园里表现很好，老师都很喜欢他，他很喜欢吃西红柿等不同的话题了。短短的时间内孩子说了三件事，但是没有一件事是在回答我的问题，我就知道孩子没学会有问有答的沟通方法，说话自然不明白。我也发现了孩子的妈妈说话也是这样的风格，明明是在跟我说孩子的事，却说到了她和公婆关系，又说到了工作上，甚至还说到她同事的家事，说了一阵，她却忘了要跟我说什么。我告诉这位亲戚，训练孩子必须从她自身开始，她做好了，孩子自然就能做好了，家长是示范者，如果示范是错误的，孩子必然受影响。我让孩子的妈妈进行有问有答的说话训练，别人问话，只用一句话回答，说话先说重点，每次发言只说一件事，说完一件再说下一件，说每件事时都要逻辑清晰，自己没想清楚的事去问清楚，但不先说出来。亲戚经过一段时间的训练，说话简洁清晰了很多，孩子的说话水平也提高了。

说话和逻辑思维的关系

孩子会说话，跟他的逻辑思维是有着密切关系的。比如，孩子一张嘴就能说明重点，那么他的逻辑思维清晰度就是极高的。我见过一个 5 岁的孩子，他这样说话："阿姨你能和我一起玩吗？"这句话就是他要表达的重点，接下来他说："我特别喜欢你，你讲的故事真好听，我要和你一起玩。"孩子把为什么要跟我玩这件事也说清楚了。我问他现在没有时间陪他玩怎么办，孩子说可以等我，问我能不能告诉他什么时间可以。整个过程互动得非常到位，语言表达很准确。我告诉他 1 个小时以后就可以，1 个小时后我去找他的时候，他看到我的第一句话就是："阿姨你还记得呀，你真好！"这个孩子还会对我的行为加以肯定，让我很受用。这个孩子逻辑思维清楚，知道自己想要的是什么，这样的孩子才叫会说话。

会说话的孩子和他的认知、见识有着相当大的关系，一个见识少、认知局限的孩子是不会轻易把话说清楚的。上面那个"会说话"的孩子，他的父母是大学老师，夫妻都很谦和，经常跟孩子讲各种各样的知识，他们家里的语言模式就是刚才那样，有问必有答，不问不回答，说话三句内让别人听懂意思，有了这样的示范，有了这样的教育环境，孩子的认知和见识就成了助力他和别人沟通的有效工具。

做好两点，教会孩子如何"会说话"

要想让孩子会说话，首先，家长要做到说话有重点，不啰唆、别重复。

我家邻居每天都带着孩子跟我一个时间出门，她在电梯里对孩子说话的方式就特别啰唆。电梯里虽然时间不长，但是她说的话可以重复三遍，而且每一次重复的重点都不一样。比如，她对孩子说"上学都带齐东西了么"，这个重点是问带齐了东西没有；下一句就是告诉孩子一定得带齐东西，否则会被老师批评，这个重点又变成了老师批评；第三句说要是没带齐东西别回来拿，也不会给他送，这句话的重点就是别指望大人帮忙。虽然这三句话都是为了让孩子带齐东西，但是却因为意图不明确，让孩子无法接续，因此孩子就站在那里一句话不说，还能感觉出他强烈的不耐烦情绪。其实孩子的妈妈只要告诉孩子记得带齐东西就好，把各种担心全都重复啰唆一遍，不但没有达到提醒孩子带齐东西的目的，孩子还会因此产生对抗情绪，造成家庭矛盾。

其次，我们一定要帮助孩子在繁杂的事情中准确找到问题所在。比如，今天开了家长会，听老师批评了孩子，你回来就想跟孩子谈一谈，但是跟孩子谈的主题和主要解决的问题是什么，家长一定要先弄清楚。我听过一个孩子家长跟孩子的对话是这样的："今天开家长会我被批了，你知道吗？我每天为你付出了那么多时间，可是得到的回报就是被老师批评，为什么别的同学都能做到的，你做起来就这么难？你到底用不用功学习，你知不知道学习是给你自己学的，跟我没关系？"从这些话里，你能听出他对孩子在表达什么吗？有重点解决问题的核心目标吗？都没有。如果一个家长已经想清楚要跟孩子表达的内容，回来应该单刀直入，开门见山："孩子，今天老师约谈我了，主要对你近期的学习成绩有些担心，我想听听你的想法。是因为最近的学习内容有些难，还是你有什么样的情绪，又或者有其他要帮助的可以说说。"这样孩子就会直接告诉我们，他遇到的困难和需要的帮助是什么了，明确问题，一起找到解决问题的方法就是我们接下来要做的重点工作。

教育不是难事，只要先明确目标和要解决的问题是什么。办法一定比问题多，不是吗？

我们为什么对孩子多动、胆小、脾气大那么反感

胆小怕事却会捣蛋的孩子

我的第 533 号来访者的孩子是一个胆小怕事但却很捣蛋的孩子。这个孩子在班里总会捣蛋，上课不认真听讲，会跟老师顶嘴，下课打同学，可是他的胆子很小，只要同学中比较厉害、有脾气的，他就不敢动手。严厉一点的老师上课的时候，他也不敢顶嘴，可见他是欺软怕硬的。这样一个胆小怕事却愿意捣蛋的孩子，到底出了什么问题呢？我发现在孩子成长过程中，妈妈一直扮演主导的角色，什么事都不让孩子做决定，而且妈妈认为应该做的事就逼着孩子去做，孩子就把所有的注意力都放在跟妈妈对抗上了。妈妈说做完作业，还要再做一些她布置的练习，孩子不愿意，妈妈就软硬兼施地逼迫孩子去完成，时间长了孩子就用发脾气、大哭大闹、在家摔东西开始反抗，让妈妈束手无策。

是什么练就了胆小孩子的大脾气

孩子多动、胆小、脾气大，能想象到这三件事是来源于同一个心理问题吗——害怕犯错、害怕失败、害怕承担责任。听起来好像是三件事，但是其实犯错和失败是一样的，只是程度不同，害怕承担责任则是当自己犯错了、失败了，自己就成了整个事件的主体，不愿意去面对就是不能承担责任。孩子们的这些情绪，就是影响孩子未来发展的绊脚石。

那位来访者的孩子胆小，可是主意大，他想要得到自己真正想争取的利

益目标，是毫不松懈的。我告诉孩子的妈妈，与其把孩子的注意力都浪费在跟她的对抗上，而没有精力再去做正经事，不如别再跟孩子不断升级冲突了，只要能做到不去控制他，不用自己的想法标准要求他，孩子就会做出改变。刚开始的第一个月孩子闹得更凶了，这是因为孩子发现父母要放手的时候，他会去挑战大人的耐心，看看他们是不是真的愿意放手。一个月后，他发现妈妈真的对他的行为不再干预，还发现所有自己做出决定的后果都要自己去承担，自己是自由而独立的了，孩子开始改变了。这个案例反映出家庭教育中的一个大问题：孩子胆小其实是父母担心、害怕的结果。孩子脾气大并不是遗传，这是家庭的情绪模式，是被成人影响的结果。一个胆小的人很大程度上是脾气大的，他没有办法直言自己内心真实的想法，他害怕一切后果，做什么事都会有很多担心，他自身的力量被这些情绪持续削弱，担当能力自然也就弱了，他不敢去面对要承担的责任，如此多的感受，会让一个人的自我价值感严重降低，会感觉自卑。于是他就用脾气大作为保护自己的一种方式，来隐藏自己的懦弱、耐心差、担当力弱的缺点，用脾气大的方式让别人都知道自己厉害，不再去挑衅他，他想从这种行为方式中得到安全感。可是这不仅不能解决问题，相反更把自己的注意力都消耗在发脾气上，而不是自我成长上了。

帮助孩子梳理情绪，健康成长

孩子多动、胆小、脾气大，我们要找到问题根源并解决。首要，就是先平衡自己的情绪。当我们情绪一直是激动、烦躁、焦虑的时候，我们必须先面对自己的情绪，而不是先去纠正孩子，有情绪的我们是没有说服力的。为了帮助上面提到的孩子妈妈对孩子彻底放手，我对她的情绪管理能力进行了训练，要求她在情绪出现的时候，不是直接发泄，而是先去觉察自己被什么事件触发了情绪，然后找到自己童年与这个被触发的情绪类似的场景，回顾当时自己内心深处的感受，把这个感受说出来，找到这个感受带给自己的正向意义，再回到当下被触发的场景事件中，觉察自己的情绪发生了怎样的改变。经过一个月的练习，她重建了新的思维模式，再也没有陷入情绪中无法自拔，而他的孩子也奇迹般地拥有了管理自己情绪的能力。这段经历告诉家长们，我们是孩子的榜样和示范者，如果传递的只是一个理论，而不是亲身实践的结果，孩子是不会相信的。

其次，孩子想做的事就要鼓励他坚持去完成，不要害怕失败。面对孩子失败的时候，我们要帮助孩子看到积极正向的意义，用佩服的语言告诉孩子，毕竟失败的次数越多，成功的概率越大，通过对孩子一定程度的嘉许，让他有勇气面对一切困难失败。我家老大喜欢做手工，老二喜欢做实验，她们每天都会在家里鼓弄一堆东西，两个孩子的作品十次有八次是失败的，但我看到后不会去批评她们，反而肯定她们屡战屡败的勇气，表达我很佩服她们像英雄一样勇敢地去实验、不断坚持的精神，孩子得到肯定之后特别高兴。后来在她们成功做出好作品和实验成功的时候，我们就一起庆贺她们的成功，同时再次感谢那些宝贵的失败经验，没有它们我们很难取得成功。

暴力和指责手段只会伤害到孩子敞开的心灵，却不能解决孩子在成长过程中所遇到的问题。让我们付出耐心和努力，更好地去理解和体会孩子内心真实的想法，用智慧引导孩子走上身心健康之路吧。

孩子运动不协调就是不聪明吗

运动协调和孩子聪明与否无关

很多教育专家都提出过先外围后内在的教育发展原理，就是为了说明运动对孩子的重要性。每一个新生儿都会通过四肢的运动和身体的协调能力来发展他的心智水平以及后天的智力，但是这并不表示运动协调就是决定孩子聪明与否的关键因素。很多父母被很多信息误导了，只要看着孩子跑步有些不协调、身体运动技能欠佳，就认为自己的孩子出现了问题。

关于运动协调性的认知误区

其实，聪明和智力高是有区别的。聪明是变通反应的能力与认知见识，一个聪明的孩子，善于观察、有丰富的经验、灵活的变通力，反应迅速。而智力水平高的孩子，他们的安全感更强，身体的调控力也更好，自然运动协调能力也更高。所以我们不要认为一个聪明的孩子必然智力高，而智力高的孩子就肯定很聪明。举个例子，我认识一个非常聪明的孩子，他任何一件事只要听过、看过都能记住，而且每次遇到事情时的应变都极其迅速，在学习的过程中他特别踏实，所以他的认知见识也高于别人，但是他的运动协调能力确实不行，在体育课上总是会落后于别人，当然各种体育考试无法达标也就成了妈妈的心病。我告诉孩子的妈妈，首先他的应变能力没问题，说明他的身体反应能力正常，只是我们在引导孩子做训练时可能比较单一，如果我们发现他跑步慢，就训练跑步，没有考虑体能和身体协调的配合问题，怎么训练都很难提高成绩。后来这位妈妈请了专业教练，帮助孩子进行了体测，做了加强体能的训练，提高了孩子耐力。在妈妈的全力帮助下，孩子对自己的身体越来越有掌控感，体能增加，学习效率提高，变得更优秀了。

很多人有一个认知局限，认为运动不协调会影响学习效率，其实出现学习问题的孩子，很大程度上是因为家长的耐心不够，孩子的学习方式跟成人相反，不靠感官，靠感受。一旦家长表现出不耐烦，孩子就会分流大量的注意力去感受家长的烦躁情绪，不但分散了孩子注意力还影响了安全感。如果孩子的大半精力都进入家长的情绪中了，哪还有精力进步呢？只有当父母的情绪回归平和后，孩子才会把注意力收回来用于学习，稳步提升才会发生。

其实，运动协调是感官和感觉系统协调配合的过程。我小女儿五岁时曾经出现过身体协调性的问题，她骑着滑板车从一个小斜坡上滑下来，过程中被石头绊倒了，就在她摔倒的一瞬间，手并没有伸出来支撑，整个下巴着地，结果被缝了八针。这是一个血的教训，让我认识到孩子的身体协调性出现了问题。不过我并没有因为孩子协调性出问题就使劲训练她的平衡和协调，而是先从体能下手。先带着她每天跑步 20 分钟，帮助她增加体能；同步带领她开始学习钢琴，弹钢琴是手眼以及四肢协调配合最快速的训练方法。孩子很清楚自己的问题所在，积极配合各种训练，在她弹钢琴四年后，她的运动能力发展到最佳状态，她参加学校 400 米比赛竟然可以领先第二名 50 米，她没有再因为身体协调问题而受伤。

很多人会拿自己运动力差是遗传作为挡箭牌不参加运动，还会对孩子做出运动能力差的负向暗示，这是会阻碍孩子运动能力发展的。我有一个朋友，经常当着孩子面说自己是运动白痴，让孩子不要像自己，有了这样的暗示，孩子的运动能力果然不行。

透过现象帮助孩子找到成长的意义

通过对孩子运动不协调和智力关系的重新认知，我们应该再次审视家庭教育方式，不断学习，给自己增加见识，拓展认知，把训练孩子成为真实的自己作为教养孩子的目标，重新看待孩子的缺点。我们要找到这个缺点对孩子成长的意义。比如一个孩子很内向、不善交际，那么这个缺点对于孩子的意义就是他更加谨慎小心，做什么事都很有耐心，喜欢钻研，学习扎实，和那些外向、善交际的孩子相比，他更加稳重；当一个孩子特别外向，出现了注意力不集中、粗心大意的问题时，我们就可以帮助孩子这样看待这个缺点对他成长的意义：孩子的乐观正向，让他遇到困难从不低头，发现问题就会去正面解决。

在这个世界上没有绝对的缺点，也没有绝对的优点，只有对我们成长有意义的特点。我们如果能够理解这一点，就可以帮助孩子改变对自己缺点的感受，同时也就教会了孩子将不利于自己的资源转化为有价值的资源的好方法，就像前面我举的例子一样，能够借势而为才是一个人成长的标志！

面对叛逆期的孩子，我们不能先叛逆

孩子叛逆，父母缺少了解

常常听到很多父母抱怨孩子不听话、叛逆的问题，最小的孩子年龄不到3岁，最大的孩子年龄已近18岁。我从和孩子家长们的互动中发现，这些发愁孩子叛逆的父母，往往是最不了解孩子的父母。

孩子都会经历叛逆期，他们的独立意识和自我意识会日益增强，同时迫切希望摆脱成人，尤其是父母的监护，反对父母把自己当成小孩。为了表现自己的非凡，他们对任何事都倾向于批判的态度。正是由于他们感到或担心外界忽视了自己的独立存在，叛逆心理才会产生，继而会采取各种方法来确立自我与外界的平等地位。

叛逆期大约有三个：第一个是著名的2~3岁的第一叛逆期，也是孩子敏感期爆发的时间；第二个是6~7岁的第二叛逆期，也就是我们经常说七岁、八岁讨人嫌的阶段；第三个就是冲突不断的青春期。孩子的每一个叛逆期都可以让我们崩溃，就拿闹心的第一叛逆期来说，这是一个没有准备，说发作就发作的时期。记得我孩子进入这个阶段时，前一天带她出去玩还在坚持要自己走，第二天就突然必须让我抱还不允许放下，放下就会使劲哭。各种让人受不了的行为频频发生，比如，打人；不管跟她说什么都说"不"，脾气变得特别差，只要不答应或者没有满足她，就在家里撒泼，等等。我们不禁要问：孩子的叛逆期是训练我们坚强意志的磨难期吗？

叛逆期是有成长意义的阶段

孩子的叛逆期，会让我们感到手足无措，失控感让我们强烈想要纠正他们，结果却是越纠正越不配合。既然每个孩子都要经过叛逆期，那么就说明叛逆期是有重大意义的，我们与其在叛逆期里跟孩子形成内耗，不如认真好好学习，抓紧时间跟孩子一起进步。

首先，我们来认识一下叛逆期和独立期以及成长期的关系。在2~3岁的叛逆期里，我们与其不断地焦虑烦躁，跟孩子战斗，不如去训练他们，让他们为自己做决定，大胆鼓励孩子学习各种不会的技能，探索各种领域的知识，他们的适应能力会远远超出我们的预想。如果孩子在第一叛逆期里被允许独立为自己做选择，第二叛逆期几乎就不会出现了，否则，6~7岁叛逆期出现的时候，孩子除了对抗还会继续争取独立为自己做决定，他们在为自己做决定的同时，也愿意承担所有后果，这对孩子来说是担当力和接受挑战能力的训练。接下来的青春期更是完整的成长期。我女儿进入青春期后一直跟我说，她真的不想胡思乱想，可是总有很多摸不着头脑的情绪会不断浮现。我告诉她青春期不是用情绪惩罚自己和别人的，而是为了让人更敏锐地觉察到自己内心的情绪，通过接纳、转化情绪成为自己成长的动力。青春期还有一个不为人知的功能，就是完成弯道超车，实现人生逆袭。因为大部分孩子会被情绪牵绊和束缚，所以那些走出情绪并转化情绪为自己所用的孩子，就会完成人生蜕变，华丽转身，不管之前有多差，都可以利用青春期实现完美超越。

接下来，我们说一下叛逆期和解决问题能力的关系。孩子在叛逆期里会有强烈的解决自己成长问题的需求，为此他们会通过技能的学习来提高自己解决问题的能力。就像2~3岁时，孩子们会通过黏妈妈的行为获得未来长大需要的安全感，以帮助自己走进幼儿园时能够顺利适应没有妈妈的生活。而孩子的打人行为，是他们在语言能力还不完善的情况下，与别人建立有效沟通的初始方式。如果我们不了解这些，就只能任由情绪出现并发泄给孩子，这样做我们不但不会引导孩子从这些行为中获得成长，还会让孩子的心理受到创伤，影响一生的幸福。孩子在 6~7 岁时，他们最想要解决的问题就是主动承担责任，只要是自己做出的选择，就愿意承担所有后果，即便是失败的，他们仍然兴奋不已，孩子在经历失败之后就会有更丰富的经验，引导他们以更合适的方法去解决问题。到了青春期，孩子解决的最主要问题就是安全感，马上就要成人了，面对复杂的世界，他们有很多怀疑，他们甚至跟同学、父母之间的关系出现距离。为了得到更多的安全感，他们会选择早恋，但结果往往截然相反。他们内心深处真正想要的是被关爱、被接纳、被支持，而不只是去找一个一起说话、一起抱怨的人。父母的爱和家庭的温暖永远是青春期弯道超车的加速器。

叛逆期和情绪管理能力息息相关。如果在叛逆期中，我们总是攻击和训斥孩子，想通过暴力手段改变他们的坏毛病，让孩子服从我们，孩子就会把反抗当作自己生命的主旋律，消耗自己，毁灭大家，僵持下来，不管最后谁会妥协，造成的创伤和失去的时间永远无法弥补。

所以请在孩子的叛逆期保持淡定，保持学习，针对孩子出现的问题一定先问为什么，然后去找答案，在知识大爆炸的时代，我们不缺方法。

有效引导、耐心陪伴，和孩子一起度过叛逆期

帮助孩子度过叛逆期，教育方式很关键。我们不能决定孩子走怎样的人生道路，只能尽力引导他们走什么样的道路，以下建议可供参考：

第一，放下对叛逆期的负面认定，不要以对抗的手段偏执地去执行自己的标准。我们首先要知道叛逆期孩子行为表现背后的成长需求；其次通过学习，找出引导孩子的方法；最后就是敢于放手，让孩子为自己的决定承担责任。

第二，不试图给孩子改毛病。孩子所谓的毛病其实就是跟我们的标准不一致的异类行为，我们是要孩子为了我们的标准改变自己呢？还是允许孩子用自己能做到的方式成长呢？就像孩子在 2~3 岁期间打人这件事，我们因为孩子打人而去打孩子，就是为了让他感受到打人的不对，但在孩子那里学

到的却是打人是解决问题的唯一方式，我父母都是这样示范的，一定没有错了。但如果我们改变一种方法，孩子打人的时候，我们选择抱住他，平静地抚摸他，让他感受到接纳和爱，那孩子就可以学会用平静有爱的方式去处理问题。

第三，面对我们不理解的孩子的行为，要先学会问为什么，而不是先有情绪。很多父母看到孩子打人、骂人的时候，直接就进入了自己的情绪模式，根本不问孩子为什么要这么做，也没从其他途径了解和求证原因是什么。真相是80%~90%的同龄孩子都有类似的行为习惯，并不是我们的孩子有问题，同一时期的孩子有同样的学习需求，才会发生同样的行为习惯。我们要学会孩子行为背后的知识，而非拿自己的情绪去掌控全局，树自己的威严。

叛逆期的孩子需要父母"以心换心"。我们应该从孩子的角度为孩子的行为寻找合理性，最大限度地理解孩子，有耐心地倾听孩子的表达，无论是否同意孩子的观点，都要表现出对孩子的尊重，让孩子有一种"父母是理解自己"的感受。融洽的亲子关系，会让孩子进步得更顺利、更快速！

第八章

孩子习惯的情绪管理

"听话的孩子"伤不起

"听话"的孩子

我的第331号来访者的孩子特别听话，没有自己的独立思维，无论在家里还是学校，别人让他做什么他就做什么，经常被同学使唤来使唤去。因为没有个性，孩子得不到尊重就特别自卑，经常遇到困难就哭个不停。我问这个孩子如果尝试不听话会怎样，他说爸爸、妈妈会不高兴，别人也会不高兴。我问他那么如果都听话了自己会不会高兴，孩子说不知道，只是觉得他不能让别人不高兴。

我对这个家庭的帮助是从让孩子学会不听话开始：要求妈妈每件事都要放手让孩子自己去做，做完了不管好坏都给他肯定，肯定他独立完成的过程，还要求让孩子在不想做或者不喜欢做的时候直接和父母说不，父母不得强求。这样做一段时间后，孩子就进入了反抗期，那段时间里父母在我的指点下对于孩子所有的言行举止都给予了足够的包容和接纳，不挑剔、不训斥，更不试图说服孩子听命于他们。半年以后孩子变得活泼自由了许多，他可以大胆说出自己内心的话，可以坚定地拒绝自己不想做的事情，并做出合理解释。孩子在人群里的形象改变了，变得自信而又坚定，学校里有好多同学跟他成了朋友。

为什么孩子"不听话"是好事

没有一个孩子天生是会"听话"的，因为孩子的使命就是学习，通过探索让自己进步，否则他们前路就是艰辛的。顺从别人的一切要求，就是孩子感觉被控制，不能做自己的开始。当孩子被要求、被控制的时候，他们会做出反抗，这是一个人的本能，但是如果长期持续地被很多人压制，孩子在度过青春期这个坎后就会做出选择，有的孩子会彻底放弃对抗，但是因为内心的痛苦还在，他就会想尽一切方法通过牺牲自己来折磨他的父母。我有一个来访者，他从 16 岁就退学了，之后 10 年的时间里，他做的所有事情，包括离家出走、在家里只玩游戏、不学习也不出去工作，都是为了引发父母的愤怒，他的父母被激怒后，除了有情绪什么也做不了，孩子把自己的所有注意力都放在让他们更痛苦上。孩子以让父母痛苦为乐，而只要父母跟他保持情绪上的互动，他的精力和斗志就会无限。我建议父母要让孩子自己承担责任，除了给予基本的伙食费和提供住宿外，其他费用就不再提供给他了，孩子用什么样的方式生活，让他自己决定，告诉孩子父母希望他独立。行动实施后，这个孩子用尽一切办法挣扎了 3 个月，发现所有的痛苦父母真的不再承担了，都还到了自己身上。无奈之下他出去打了零工，在他独立面对生活并且经历艰辛的时间里，开始回想自己曾经浪费的 10 年时间，之后他主动找父母，反省自己是因为知识太少、没学历找不到好工作，希望能再次返回校园。在得到父母的支持后，这个孩子选择了一所职业学校，学习中，他很认真，社会实践时他也很积极，越来越出色的表现让他毕业后成功找到了心仪的工作。

"听话"与逃避心理是有关系的，一个愿意听别人话的人其实就是在逃避自己该承担的责任，想让别人替他承担责任。虽然事情做错了，但因为是别人让他做的，责任就不在他，听话的人最大的收益就是不需要承担责任。但一个"听话"的孩子也是没有未来的，他没有自己的思维，也不能真实地表达自己内心的想法，那种被要求、被控制的耻辱感会让他们自卑不已。

培养孩子独立性，让孩子更有主见

既然我们明白了事事"听话"的孩子并不好，那么就要尽早培养孩子的独立意识和担当意识。

首先，作为父母要允许孩子说出内心真实的想法，不管是否与我们的标准想法一致，我们都要去听取，即便孩子只有两三岁，但只要他能表达自己内心的想法，我们就应该鼓励。让一个孩子学会拒绝并表达自己真实的状态，是培养一个超越父母的孩子最起码的基础。如果我们把孩子培养成我们的复制品，像傀儡一样供我们驱使，孩子哪还有未来？

其次，我们应该尊重孩子的特别，并全心全意地支持孩子做出各种大胆的尝试，尤其是孩子小的时候，当他们表现不如意的时候，只要父母的信任一直在，孩子的成长就会有动力。如果我们肯无条件地支持孩子，让孩子感觉到家是最温暖、最有力量的地方，他们即便在外面遇到种种困难，也有足够的勇气冲锋陷阵，挑战一切不可能。

每个孩子，从他们诞生起就在考验我们是否愿意尊重这个生命并让他独立前行，让我们信心十足地对这种考验说"yes"吧！

孩子专注的重点是注意力流动

注意力不集中的孩子

强强是个活泼好动的孩子，每次老师来家访的时候，都会在妈妈面前夸他聪明，但是也常抱怨强强上课时的注意力不集中，被老师提问时他经常答不出来，只有在上美术课的时候，他会很认真地听，而且画的画也比其他小朋友的好看。强强妈妈也发现孩子在家很喜欢画画，而且只要画起画来经常是很长时间都不挪地方，特别专注。妈妈不明白了，为什么孩子上课的时候注意力不集中，画画时却可以呢？

注意力是怎样产生的

对 12 岁以前的孩子来说，使用右脑进行学习是主要方式，以注意力见长的左脑还没有占主导地位，所有 12 岁前的孩子聚焦注意力的方法，并非盯视不动，而是将视觉、听觉、触觉一起集中在某一个事物上，通过体验、观察，形成逻辑思维的秩序排列，从而达到认识这个事物的目的。孩子的注意力是在使用操作过程中产生的，简而言之，如果孩子没有对他正在学习的事物进行过操作体验，那么注意力是不会产生的。

再来说说孩子的学习类型。孩子的学习类型分为视觉型、听觉型和体觉型。视觉型的孩子给我们的明显感受是有注意力的，因为他是用眼睛看来完成学习的；可听觉学习型的孩子，他们主要靠耳朵听完成学习，身体怎么动都没有影响；而体觉学习型的孩子是通过身体的操作体验来完成学习。后两种学习类型的孩子的表现，很容易被成人认为是注意力不集中，加上孩子在 6 岁以前注意时间特别短，就会让成人误以为没有注意力。

我的第 722 号来访者的女儿是一个体觉学习型的孩子，她学东西都是反着的，比如我教其他孩子认识苹果的时候，只要指着苹果发出"苹果"的读音，然后把苹果放在梨的旁边，问孩子哪个是苹果，孩子马上就能指出来。而教这个孩子时，一定要先让她摸过、闻过并且品尝过，再把苹果放到一堆水果里，她才可以做到立刻正确认知。体觉学习型孩子的学习不是从认知开始的，而是从直接使用开始。这类孩子在现实生活中被误当成智力发育迟缓的孩子，如果用教正常孩子的方法，是行不通的。对此，我全部使用了反过来的教学方法，比如教她学习 5 加 3 等于 8 时，我给她 5 块巧克力饼干，再给她 3 块奶油饼干，然后让她分别咬一口，之后我让她把所有饼干放在一起，告诉我刚才一共咬了几块饼干，孩子就会很清楚地告诉我是 8 块，但如果把数字 5 和 3 摆在面前，让她去数出数来，她根本就做不到。

三个办法教你训练孩子的注意力

第一，允许孩子试错和自由探索。当我们允许孩子试错和自由探索的时候，孩子的注意力必然好。当孩子把犯错当成尝试，而且还觉得犯错特别有趣时，他的探索面就会更加广，自由度更高，有更大尺度的探索才会有更多的认知，他的局限就会被打破，自然这个孩子的好奇心更大，学习力更强，学习的兴趣也会保持得更长久。

第二，改变自己注意力的运行模式。因为我们经常是散乱型的注意力，我们给孩子下指令时一次说好多个，说完之后不顾孩子的反应，仍然不停地唠叨各种细节，接着就是各种提醒，怎么这个没做、那个也没做。与注意力散乱的我们不同，孩子比较喜欢有深度的探究。我在家里教两个孩子的时候，一次只说一个指令，完成这个指令后，再给孩子下达另一个指令。同时我自己也努力做好典范，务必做到完整做完一件事再做下一件事，孩子们在我的带动下注意力越来越集中了。

第三，尊重孩子独有的学习方式。如果你的孩子是听觉学习型，那不妨让他听着音乐写作业；如果他是视觉学习型，坐在那里一动不动，你也别去打扰他；如果他是体觉学习型，那么你就带着他去亲身体验学习，毕竟知识学了也不只是为了考试，大部分是要在生活中应用的。

认清孩子属于哪种学习类型，有助于我们用正确的方式引导他成长，愿我们在家庭教育的路上能不断积累知识，带领孩子一起进步！

孩子只是慢不是懒

磨蹭

在我的早教中心里，每次孩子上完课都会听到父母这样的声音："快点儿穿鞋""别磨蹭了""怎么动作这么慢""要赶不上车了""你的包儿呢？怎么又忘了，真是丢三落四"……这些抱怨其实都来源于父母对孩子慢慢腾腾的动作不够理解，他们认为孩子是在磨蹭，是懒的行为。

峰峰的父母为了让他安心学习，每天都把他的生活安排得面面俱到，可峰峰写作业、做事依然是慢吞吞，孩子妈妈很苦恼，总是替孩子着急。比如，写错了却没有提前准备橡皮、铅笔折断了发现没准备削笔刀。一会儿跑去帮孩子拿这个，一会儿帮拿那个，中间再唠叨孩子几句，时间就这样溜走了。

为什么孩子的行动如此缓慢

前面我们讲过，孩子在两岁以前主要用的是 Δ 脑波，2~7 岁使用的是 θ 脑波，7~12 岁是 α 脑波，这三种脑波的节奏比起快速的左脑 β 脑波，简直就像蜗牛一样慢。所以，孩子动作缓慢、磨蹭并不是故意的，而是他们的大脑生理节奏让他们的行动慢了下来。

孩子的发育为什么要以行动缓慢且磨蹭的状态呈现呢？

第一，深度去发展触觉体验是他们的需要。当一个孩子可以感受并且深深地去触及他正在体验的一切内涵时，他的学习就会达到更深的层次。比如，孩子发现墙上有个洞，他们就会伸手去抠，在抠的时候他发现自己手指指尖有一种刺刺的感觉，因为在抠的过程中，洞里会产生一些沙砾，在沙砾的摩擦下，手指得到了一个信号，墙洞里面有"秘密"，孩子就会不断地往里面抠，在抠的时候，如果能掏出一点沙砾来，孩子会很兴奋，孩子的触觉深度体验完成了。

第二，要扎实有力地完成学习过程。孩子的学习一点都不浮躁，跟成人相比，更加稳定扎实。他们在学习的时候喜欢深度研究，比如，他们看一本书的时候会不断重复，使用一项工具的时候，尤其是当工具发挥作用以后，他们会不断去重复再重复使用，这都是为了帮助自己扎实有力地完成不同层次的学习。

第三，为了不设限制地去勇敢探索。一个孩子如果对自己现在正在触碰的东西产生了好奇心，那么勇敢探索就发生了，比如，孩子发现墙角的小门上有一把锁，当他去观察这把锁的时候就会想怎么能打开它，他会找旁边的一切工具，包括石头、铁棍去敲打，当一切无效的时候他还会再去找其他工具，要是再无效的时候，他们就会去求助成人帮助，这些体验都会帮助他们找到解决问题之道。

我有一个朋友的孩子6岁，是出了名的磨蹭大王，做什么事都特别慢，父母再三催促，根本没有用。我告诉孩子的父母，磨蹭是非常好的一种深度体验，为了让孩子学得扎实，家长唯一该做的就是别打断和影响他。而孩子因为被允许完成充分体验过程，学习兴趣大增，毫无限制地广泛体验多种知识，广博的知识海洋让孩子增长了见识，只有8岁的年龄就已经可以处乱不惊了。

父母慢下来，并接纳孩子的慢

慢和懒是有区别的，缓慢是耐心的体验，一个人做事慢一些，经验体会就更深刻，也更容易坚持下去。懒是逃避的表现，只想吃喝玩乐，做轻松的事情。所以家长们千万不要随意对动作缓慢的孩子说你真懒，这是一个非常失败的标签。

作为父母，我们要培养自己的耐心，给自己降速。我们自身有一套生存本能，位于大脑的边缘系统，遇到不能被即刻满足的状态，就会触发此处的防御机制，产生不适，并产生情绪，应对这种机制最佳的方式就是延迟满足。延迟我们对即刻满足的需要，可以减缓生存本能的反应程度，这是提升生命品质的最佳方法。让我们和孩子一起慢慢来，不仅可以提升学习效率，也可以更充分地感受当下自己所拥有的一切，产生幸福感。

另外我们要允许并培养孩子的慢体验，鼓励孩子去深度地实践，只有更好地接纳孩子的慢，才不会培养一个懒的孩子。我有一个来访者，孩子很慢，妈妈却是个急脾气，总想催促孩子快一点。在我的要求下，妈妈不再唠叨孩子，相反在孩子体验的时候，她刻意地与孩子保持一定距离，以免打扰到孩子，然后孩子就从慢腾腾、没有方向、没有目标的状态，到了有秩序、有规则，按照自己需求去体验的孩子，这一切都是因为孩子的妈妈允许他独自完成慢体验的结果。虽然那个孩子当时不到 4 岁，但是这样的一个改变却会让孩子终身受益。

我们要珍惜天生就慢的孩子，并且能够及时去肯定孩子在做深度体验时的感受。我有一个来访者是个成人，他说他从小就很慢，他觉得跟整个家里的人都格格不入，所有的人都在催他，但是他无论怎么快都赶不上别人，总是被大家笑话。所以他变得没有信心，很自卑，做什么事都是那么慢。当我告诉他慢才是成功的开始，有慢的体验，才会出现高效的行动，慢得越有节奏，体验越深刻，学习得越扎实，最终得出的结果也会更有效率，他很惊讶，一下子自信了许多。

当我们想抱怨孩子做事磨蹭的时候，请提醒自己：我的孩子只是慢，不是懒，放手让孩子去体验，幸福美好才能常伴在他身边！

孩子撒谎是为了让我们拆穿吗

小孩子说谎没有刻意的动机

孩子天生是不会撒谎的，可为什么 3 岁以后就会了呢？3 岁之前孩子是全右脑的学习状态，他们更愿意用感受去体验和学习，3 岁后左脑开始工作了，逻辑思维也就出现了，训练逻辑思维最重要的一个方式就是说谎。很多人可能觉得撒谎的初衷和动机是为了保护自己，或者是为了欺骗别人，其实在 3~6 岁的孩子撒谎还没有这么高超，只是简单的认知实践和逻辑思维训练的过程，当然也是孩子有意识自我保护的开始。

我记得大女儿第一次说谎的时间就是 3 岁多，有一天她从幼儿园里带了玩具回家，说是老师给她玩的。当时我非常生气，因为老师已经找我说可能孩子拿走了幼儿园的玩具，明明是她偷拿的，结果还理直气壮地说是老师给她的，除了很生气，我根本就没想过孩子为什么要这么说。几天后，我去幼儿园跟老师做了一次深谈，老师把事情的原委告诉了我：大女儿在玩这个玩具的时候特别喜欢，有一个同学跟她抢并且得手了，她就哭了半天，老师安慰她说等放学的时候可以带回家玩。当时老师只是为了哄她才那样说，并没有真的要让她带回去，而大女儿放学之后也根本没跟老师说就装在自己的包里带回家了。老师在清点玩具的时候发现少了，这时候才想起大女儿走的时候书包鼓鼓的，就联系我做确认。听完这些，我感觉非常后悔，在不了解实情的状况下，先断定孩子撒谎，实在不对。从那以后我就知道了孩子是天生纯良的，他们没有恶毒的动机，更没有想要通过欺骗来获得利益的打算，他们所谓"撒谎"的表现，只是没有客观地描述清楚事实而已。

撒谎和逻辑思维、认知、实践之间的关系

撒谎和逻辑思维有着明显的关系，最早孩子撒谎的时候是很笨拙的，但是随着年龄的增长，他们的知识体系越来越丰富，逻辑思维越来越缜密，他们的撒谎就有技巧了。比如我大女儿买了一堆小杂志，这些杂志上有很多不太健康的内容，我看到就问她杂志是哪里来的，她说跟同学借的，但我知道是她买的，因为我看见她手机上有微信支付的记录。当时我并没有拆穿她，而是借着给她零花钱需要算账的契机要和她核对账目。这时候大女儿慌了，眼见无法圆场，她居然灵机一动告诉我说借了一些钱给同学，所以微信上的钱少了 15 元。过了一段时间我再问大女儿同学是否把借她的钱还她了，她就编不下去了。我告诉大女儿其实绕这么大弯子是很累的，不想拆穿她也只是想让她坦诚地告诉我真实情况，我不会因为她的这次"撒谎"行为就认定她有问题，我接纳她以任何方式跟我沟通，简单直接也好，撒谎绕弯也可，我只是倾听者，只要她跟我沟通舒服就行。这次事件之后，大女儿就坦然地告诉我所有的事情了。

除了撒谎和逻辑思维有着密切的关系外，我们还会发现孩子的撒谎水平基本与他的认知以及实践能力有着密切关系。如果一个孩子知道得少，而且实践得也少，他的撒谎水平不会高，但如果孩子撒谎水平越来越高，你甚至当时都没有反应过来，就说明孩子的认知水平、知识水平以及他应用实践的能力已经跟你差不多，甚至超过你了。这时候你要感到窃喜，孩子的撒谎行为固然不对，但只要能弄清楚背后的原因，别急着给孩子下定义、贴标签，孩子各方面的水平会很快得到提高。

孩子说谎了我们应该怎么做

通过前面的分析，其实我们应该知道，孩子说谎有很多种情况，这件事的本身也并没有我们想象的那么可怕。面对说谎的孩子，我们应该怎样正确地引导呢？

第一，不拆穿孩子的撒谎行为。可以通过提问让孩子知道自己错在哪里。就像我前面讲大女儿说谎的事一样，我开始并没有拆穿她，但是我会通过不断地追问让她没法再编下去，这个时候我坦然地告诉她我已经知道，并且对她进行正向的引导，绝不只是训斥，这时候孩子就会选择和我们合作。

第二，及时接受孩子的道歉并用拥抱肯定他。我女儿那件事之后给我写了道歉信，我收到之后也诚恳地做了回复并且给了她一个紧紧的拥抱，感谢孩子那么信任我，并且肯定了她及时改错的行为。

第三，父母要有平和宽容的态度。这可以让孩子大胆说真话，这个在我大女儿的案例中已经告诉大家了。

第四，对孩子要多倾听，要等孩子把话说完，要鼓励孩子说出心中真实的想法。如果你总是打断孩子，听他说话没有耐心，并且在孩子说出真实想法后还给予评判，那么孩子就不会想跟你说实话。所以我们才是孩子撒谎的助力者。

在生活中，我们应该认真倾听孩子，我们和孩子的心就会紧密连接，他们真实的世界才会真正向我们敞开。

第九章
孩子性格的情绪管理

如何面对倔强的孩子

越控制越倔强

我们身边总有一些倔强的人，他们固执己见，做出的选择即便是错的也不会低头认错，当然更不会去改变。这样的人在生活中没少吃亏，可是他们为什么依然不改呢？

我有一个来访者的孩子12岁，非常固执倔强。在跟他沟通的过程中，我发现他有一股对抗的劲儿，而且孩子自己也不知道他为什么要对抗。深入了解后，发现父母从小就在要求孩子听话，而且还要求孩子要按照他们的标准执行。这个孩子在8岁以前确实不错，但是8岁以后，他的独立意识越来越强，开始想要为自己负责了，可是这个时候却无论如何也挣脱不了父母的控制。为了独立自主，孩子跟父母发生过很多冲突，在11岁那年还发生过离家出走的行为，这次事件之后，父母对孩子的强制松懈了一些，孩子有喘息的机会了，当然他也意识到去固执地对抗是一件好事，于是孩子就越来越叛逆。

了解了这些情况后，我要求父母跟孩子做一次深谈，明确表态不再干预孩子的任何决定，一切都由孩子拿主意，当然结果也由孩子自己承担。刚开始孩子仍然会倔强地做出一些错误的选择，随着他自己不断地为错误的行为负责，孩子心慌了，因为他这样做是为了对抗，而不是为了让自己遭罪。当孩子明白固执、倔强是伤害自己的手段，而对别人都不会产生影响时，就会改变了。

为什么孩子那么倔强

孩子之所以那么倔强，是他们想要证明自己有力量，想要为自己做决定并承担责任，这些都是有担当的表现，当然孩子最想要的就是通过倔强来完成与父母的对抗。我们为什么对倔强的孩子那么有情绪呢？因为倔强代表了孩子不听话、难管教，当然也代表挑战和对抗，作为长辈，谁会接受这样的孩子呢？孩子的倔强还与他们的价值观形成密切关系，像上面的案例，孩子因为倔强，他个人的价值观不再以自我成长为目标，而是通过对抗外界来解气，这完全是自我消耗的行为，对未来有百害而无一利。

孩子人生最重要的青春期开始时，他的三观养成也就开始了。自我价值的养成是三观中最重要的一部分，如果孩子的自我价值感低，自卑心理会涌现，他会通过倔强来证明自己是要强的，但他的内心深处却是胆怯的。另外，孩子的倔强与他独立个性的养成也有关系。每个孩子都渴望独立地做自己，自由地为自己做决定，自由地为自己做出选择，但这是父母不能接受的。所以当他通过倔强发现自己可以得到一些独立的自由空间时，他们会一直坚持下去。

引导孩子从倔强走向真正的独立

与其通过倔强让孩子完成独立的过程，不如直接放手让孩子去独立。如何引导孩子从倔强走向真正的独立呢？以下几点可供参考：

1. 不要给孩子贴标签

父母千万不要事事、处处都说孩子倔强，更不应该看到孩子有倔强的表现就去批评孩子，这会形成一个恶性循环。你越批评孩子，他就越倔强，家长的情绪也越大，家庭矛盾很容易升级。

2. 要明白倔强是后天模仿习得的结果

父母必须先敢于承认自己是倔强的，如果我们遇到问题是自己的错还坚持不改的话，那么孩子必然会模仿我们的行为，在他的生活和学习中使用。对于我们来说，敢于承认自己的错误、放下倔强，孩子才能发生根本的改变。

3. 倔强是孩子个性的展现

每个倔强的孩子都是有个性的，如果做好正向引导，还可以助力孩子成长。比如，我家女儿到了青春期的时候就特别倔强，什么都拧着做，只要她做出了决定就不可以改。这个时候我就开始在她的坚韧意志上做训练，既然想为自己做决定，那必然就要承担后果，所以当她承担后果心里受不了的时候，我就会支持她、肯定她，会赞扬她很勇敢，为自己做出决定并承担全部责任，这都是经验积累的过程，无论好、坏都非常有意义。然后我会帮助她找到失败的原因，一起寻求所遇到困难的解决方案，我们通过交流沟通孩子豁然开朗，她从这个事件中找到对自己有益的经验，对她未来的发展有很多好处。

每个孩子都是独一无二的，只有发现孩子独特的优势，才能教育好性格倔强的孩子，我们通过学习是可以对孩子做出正向引导的。让孩子真正积极地为自己的决定负责，是我们共同的努力目标。

认死理儿的孩子更严谨

认死理儿的孩子

认死理儿是不讲理吗？当然不是，这只是孩子想要探索事情根源的一个行为表现。很多时候认死理的孩子都很执着，喜欢钻研。我有个朋友的孩子特别较真，有一次他把鱼画在了天上，妈妈就笑着跟他说鱼是在水里的怎么能上天呢，孩子就说鱼就是可以上天的，飞鱼就是可以在天上飞的。妈妈也是个执着的人，说飞鱼是不会一直在天上飞的，它只能临时跃出水面而已。妈妈为了证明，就找来了百科全书，又在网上搜了资料，想教给孩子，让他知道鱼的知识。可是孩子才不管呢，就要让鱼在天上飞，他到处问鱼是不是可以在天上飞，直到他去爷爷家的时候，爷爷告诉他，最古老的生物进化都是从水里出来的，然后才有了陆地动物，才有了飞鸟，这样说来，鱼确实应该在天上飞着。孩子听完之后大喜过望，赶紧跟妈妈讲述他在爷爷那里得到的知识。

认死理儿是孩子对知识的渴求

看完上面的案例，能说那个孩子较真儿吗？其实他只是在通过自己的逻辑思维方法，使用各种探索的方式去印证他想要得到的结果，他会带着好奇心提出各种好问题，创造发明也会因此诞生。认死理儿和倔强是有不同的，认死理儿的孩子只是一个执着于钻研而较真的人，他对知识是渴求的，是在满足自己的探索欲望；而倔强是为了对抗而故意去做错的，很多时候倔强的执着是会伤害自己的。两者是完全不同的。

认死理儿和细致严谨的品质有着密切的关系。一个认死理儿的孩子，他执着钻研，所以他一定会到处取证，而在取证的时候，细致严谨就是他的态度，他们是不希望落下任何蛛丝马迹的，他们在找寻线索的时候比平常的学习更认真、更细致。所以，当孩子较真儿、认死理儿的时候，我们一定要支持他，这是个好习惯。

认死理儿和耐心坚持的品性也有着重要的关系。一个能够执着钻研的孩子，他的耐心和坚持力必然强大。认死理的行为可不是孩子一生都在发生的事情，只是在某个阶段才会出现。我小女儿在 4 岁前后就有了认死理儿的表现，她做了一个颜色实验，用一次性纸杯加满了 48 种颜色，然后用家里的 48 种物质跟它混合，纸杯里分别倒入酱油、花生油、香油、盐、糖、味精等调料，她还会把家里能找到的面粉、大米、水果等物品兑水混合实验，她甚至把姐姐削铅笔的铅笔屑也混在颜料里。一周后孩子通过观察发现，不是所有东西都会染色，也不是所有东西都可以漂在水面上，有些东西与颜料发生了化学反应，出现了变质，也有一些东西没有太大的改变，这些观察给了她广泛的认知。她得出了一个结论，有些颜色是不易改变的，而有些颜色是可以轻易被改变的。她把这个知识应用在画画中，她会先用比较容易改的颜色构图，想要改变构图的话，再把那些不容易改变的颜色盖上去。这样一个看似复杂的钻研过程，只要不阻断，孩子就会从中收获巨大。

陪伴认死理儿的孩子一起成长

孩子在成长的道路上会有很多探索，我们应该陪伴并鼓励他们的思考和行为，让孩子们的想象力和探索力不断得以实践。在这个过程里，我们需要做到以下几点：

第一，耐心陪伴并和孩子一起分享失败。我女儿在做那个实验的时候是我跟她一起进行的，我会适当给一些建议，放什么好，水加多少比例合适，所以当她的实验出现失败结果的时候，我们俩是一起探讨一起分享经验的。

第二，与其阻拦孩子去做各种钻研，不如和他一起学习。当时和女儿一起做实验的时候，女儿的一些问题我也拿不准，趁此机会，我就翻阅了很多资料，上网查了很多信息，我的认知也得到提高，当时我真的很佩服孩子无止境、没限制的思维方式。

第三，提高自己的认知水平，帮助孩子多角度看待问题。我们如果能够提高自己的知识层次和认知水平，就可以在很多角度上提出问题。还是以我女儿做实验这件事来说，在往颜色里面勾兑各种物质的时候，她的思维也是受到限制的，加完了调料就不知道该加什么了，我就提醒她说看一看抽屉，看到什么想加的都可以试试，当时她看到了面粉，思路一下子开阔了，之后她又跑到了水果篮里拿出橘子皮，还找到了姐姐的铅笔屑、橡皮末等，孩子的认知多角度变化了，她的实验体验就变得更丰富了，她的兴趣和探索当然也就更宽广了。

没有耐心的孩子难成大事吗

没耐心的孩子

我有一个朋友的孩子很没有耐心，写作业只能坚持 15 分钟，旁边的人在做什么他都感兴趣。孩子最有耐心的表现就是玩游戏，玩得最好的是俄罗斯方块。有一天我跟这个孩子在一起相处了两个小时，有了很多发现：开始我有半个小时一直跟他聊天，他则一直跑来跑去没停下，看上去一点也没关注我，但他的耳朵却一直跟随着我，我们一直在有问有答中互动，他几乎都能及时回答我的问题。我的问题都很有趣，比如我问他：知道埃及法老都住在哪吗？知道我们的长城是怎么塌掉的吗？知道有一个特别厉害的人叫钟馗吗？出于好奇心，在我们互动半小时之后，他决定坐下来跟我聊聊。他问我怎么知道那么多事，让我给他详细讲讲。我就给他讲解了西方文明和很多历史上发生的趣事。孩子听得津津有味，明显感觉很有耐心。

通过这番互动，我跟朋友说孩子其实是有耐心的，只是她引导的方式太标准化了，她总是拿自己的要求让孩子遵守，但因为不是孩子自己的要求，孩子特别不喜欢，不但不执行，还使用调皮的方式对抗。但是，如果能按照他的喜好跳着安排写作业的顺序，他完成起来就会有动力，如让他写一项语文作业，再写一项数学作业，然后再换其他的，以此类推，估计孩子能坚持。朋友采纳我的建议后就交叉给孩子安排写作业的顺序，孩子果然很快就能完成全部作业了。

孩子没耐心是受父母的影响

孩子之所以会没有耐心，是受到了没耐心父母的影响。就像我这位朋友，是真的没什么耐心，对孩子没说三句话就吼上了，而且在工作中也如此。她自己开了一个小店，经营得还不错，但是只要进货的时候，谁去都能听到她嚷嚷的声音，如烦死了、怎么这么多东西、你看这些人干了些什么活儿……这样一位焦躁的妈妈，能带出一个有耐心的孩子吗？另外就是我的这位朋友一直试图让孩子用自己的方法学习，不但没有帮到孩子，反而打乱了孩子自己的节奏。本来孩子用自己的方法是能坚持的，但因为必须用大人的标准，就不能坚持了，而且孩子还会心生烦躁，烦躁情绪一出来，两个人的矛盾就激化了。

对于孩子没有兴趣的事，就不要浪费时间。我们有一个认知误区，如果孩子做一件事不能坚持，就是没耐心。这显然是两个问题，一个是孩子因为没有兴趣不能坚持，另一个是孩子不坚持做一件事就是没有耐心。没兴趣还要坚持对成人都很难，还去要求孩子就是苛求了。你可能会认为孩子不知道自己对什么感兴趣，这可不对，每个孩子都知道自己喜欢什么，但是他喜欢的不一定是父母喜欢的。比如，有的父母觉得孩子上跆拳道能强身健体，但因为不是孩子的兴趣点，他练一会儿就不动了，此时我们就是说一万遍孩子没有耐心，也是没用的。

培养有耐心的孩子

耐心是一种良好的品质，有耐心的人才更注重细节，做起事来有始有终。教大家几个办法，培养孩子的耐心。

第一，不要给孩子贴标签，也不要暗示孩子没有耐心，更不能把"你没耐心，以后做什么都不会成"说给孩子听。否则孩子就这么看待自己了，"我就是没耐心的，我做什么事都不能坚持。"而且在孩子不能坚持时，家长的批评只能让孩子心里的愧疚感消失，他想，既然你们已经骂了我，我们就扯平了，此时的补偿心理会让孩子从此自暴自弃。

第二，不打断孩子的自主探索。孩子想做的事一定跟他的兴趣有关，而兴趣背后就是天赋，很多父母不知道孩子的天赋是什么。如果我们能放手让孩子自主去探索，他的兴趣就会显现出来，而天赋的显现也就迟早会出现了。

第三，使用肯定和转移注意力的方式来帮助没有耐心的孩子坚持下去。当孩子能连续做一件事一段时间（哪怕只有3分钟），就要给予及时肯定。前面说的朋友的孩子，在一项作业坚持写10分钟时，妈妈就会说："坚持10分钟了，真可以，很快就要完成这项作业了。"再写10分钟时，妈妈又会说："又坚持10分钟了，真有耐心，妈妈很佩服。"就这样，孩子的注意力不断被延长了。

当一个孩子耐心差的时候，要帮助孩子转移注意力。因为耐心不够时烦躁情绪就会产生，让孩子沉下心来做当下的事更难，我们可以通过转移注意力来帮助孩子平复情绪，如此，他才有耐心继续坚持。

举个例子，我家孩子画一幅特别难的画，画着画着就没耐心了，这个时候我发现了她的情绪，然后就招呼她来品尝我新榨的果汁。孩子一听有吃的就跑过来，等她喝完果汁心情平复的时候，我就问她还想不想继续画，她说喝完果汁有力量了，我马上肯定她细节画得很精致，构图很大胆，很出色，孩子立刻就美滋滋地继续去完成画作了。

爱哭的孩子更善于表达

哭是孩子的语言和情感的表达

哭是孩子的语言，也是他们求助的方式。小婴儿通过哭可以获得爸爸、妈妈的关注，并帮助他解决正在遇到的麻烦。孩子哭的时候不会闭着眼，他会观察周围的环境，会把自己的情感带入哭中。我曾经看过一个视频，一个小孩看到旁边孩子在奔跑，他就很开心，当那个小孩摔倒了哭的时候，他也跟着哭；还有一个视频，一对双胞胎，老大哭起来了，老二就在旁边笑着看他，笑着笑着也哭起来了，两个人还拉起了手，他们就是通过哭产生了沟通和共鸣。

孩子的哭有哪些意义

孩子的哭和他们的语言发展有着重要的关系。一个孩子哭的时候是有"口音"的，你会发现不同地区的孩子，他们的哭声跟当地的方言语音有着相同的声调，在孩子语言发展的初期，哭是可以代替语言的。比如，一个孩子刚学会说话，因为表达不清楚，妈妈不理解，孩子就会用哭来代替，让母亲更有耐心地留在自己身边听他把其余的话说完，但如果这时候妈妈表现出烦躁、拒绝的情绪，孩子就会用哭声来提出抗议，让妈妈能够觉察并帮助他。

孩子的哭是他们和成人之间建立有效沟通的方式，和他们的情感表达也有着密切的关系。我曾经看过一个视频，一个孩子听妈妈在唱歌，当妈妈唱悠扬、轻松、快乐的歌曲时，他就跟着拍手，特别开心；当妈妈转到悲伤、难过歌曲的时候，孩子的表情就变得越来越沉重，甚至哭出了声，这说明孩子的哭和情感表达是一致的。

在很多时候，孩子的哭代表着情感的传递。比如，当孩子做错事的时候，被训斥了，此时孩子的哭是有愧疚感的，哭是他愿意承认错误的表达；如果孩子并没有犯错，是我们苛求孩子，孩子的哭就会变成反抗。两种情况下哭声的声调以及身体的表现方式都不一样。因此，孩子通过哭是可以完整表达自己的情感并建立情绪模式的。

哭和洞察力也有着密不可分的关系。一个孩子通过哭可以感受到成人对他的关注是真还是假，如果我们对他的关注和帮助是发自内心的，孩子的哭声会马上停止，反之就不会停。比如，有一次我在公共场合看见一个孩子想让妈妈陪他玩，妈妈却在看手机，孩子就哭了起来，妈妈赶紧放下手机去哄孩子，一边安抚孩子，一边心神不宁地斜眼看手机，这时候孩子的哭声就越来越大了。因为孩子可以感受到妈妈并没有把全部的注意力放在自己身上，也不想跟自己真正沟通交流，所以他就用更大的哭声去提醒妈妈。

孩子哭的时候大人应该怎么做

第一，允许并陪伴孩子尽情地哭。

第二，孩子哭的时候切记不要发声，不要唠叨、讲道理、训斥孩子。

第三，及时给予孩子拥抱，可以让孩子感觉更安全。

第四，孩子哭完了家长不要重提旧事。我们喜欢总结过去，这会让孩子的哭停不下来，孩子还会通过这种手段来反抗我们持续不断对他的责备。

第五，和孩子一起哭是可以解决大问题的。当前面的一切做法都用过，可是孩子还在哭的时候，这一招就称之为绝招了。我家孩子大哭大闹怎么哄都不行的时候，我就会跟着孩子哭，而且还哭得特别伤心，这时孩子一下就止住了哭声，会惊慌地看着我，因为她不知道为什么妈妈也哭了，就赶紧给我擦眼泪、拥抱我、亲吻我，直到我破涕为笑，然后她就跟着我笑了。不过，这招一定是在前面招数不管用的时候再用。

第六，及时转移孩子的注意力，可以让哭结束得更快。我女儿每次哭到快没有力气靠在我身上的时候，我就会刻意拿一个特别好玩的东西在自己手里玩，但并不邀请她一起参加，她立刻就会把注意力放在这个好玩的东西上，当她能够被这个东西吸引开始下一段游戏的时候，我就陪伴她一起去玩了。我在此时是不会做各种总结、讲道理的，而是让她尽快进入下一个场景，这样就有效地帮助她缓解了情绪。

孩子爱哭就像爱说话一样，频繁但意义不同。

爱管闲事的孩子有担当

孩子爱管闲事

邻居家孩子读小学一年级，特别爱管闲事。他在班里因为管别人的闲事惹了不少麻烦，如总是要求别人上课不说话，但实际他正在破坏课堂秩序，经常被老师批评；他在小区里也是个爱管闲事的孩子，看到别的小孩骑自行车没有靠边，就会大喊纠正他人。孩子虽然很爱管闲事，但是他所管的人并不理睬他，这让孩子很有挫败感，家长也很烦恼。

其实这种现象很普遍，孩子在五六岁时开始出现爱管闲事的状况。他们这个"毛病"和孩子的认知扩大与自我掌控能力是有关系的。随着一个孩子知道的东西越来越多，他就想让别人和自己达成共识，一起使用自己学习到的知识。尤其当他们把自己知道的说给别人听，并且得到赞许的时候，他会感觉知识被自己使用了，很有成就感，他认为自己知道的这些知识对他人也有用，他就通过管闲事的方式说服别人听自己的，这样做也会让孩子找到控制感。当一个人有控制感的时候，价值感会倍增。

爱管闲事有好处

爱管闲事的孩子并不一定都是惹人厌烦的，管闲事的背后和很多方面都有紧密的联系。

首先，爱管闲事和孩子的学习力有密切的关系。一个孩子知道得越多，他就会越想在人群中获得成就感，那么他就要学得更多。比如，我女儿在幼儿园大班时，偶尔看到同学拿着一个打不着火的打火机在使劲打火，为了制止同学这种危险的行为，就把她学的钻木取火的知识告诉了同学，同学们听了很新奇，就在她身边问来问去，她感觉极有成就感，于是她就在这个知识领域继续耕耘，学习了关于火的更多知识，并分享给同学，得到了同学们的一致赞赏，她通过爱管闲事让自己爱上了学习。

其次，爱管闲事与自省力也有关系。我大女儿小的时候管闲事别人不理她，我通过提问让她找到这件事带给她的经验是什么。我问她是不是在同学那里受挫了？是什么行为让她很受挫？她说同学做错了，管他不听，很受挫。我问她你打扫卫生不干净的时候，同学要求你返工，你是怎么反应的？孩子低头不语，我跟孩子说在要求别人之前，自己一定要先做到，否则就没有发言权，孩子认真地点点头。

再次，爱管闲事和人际关系的联系。我家女儿因为上课认真听讲经常被老师表扬，当她发现同学因为不认真听讲被老师批评的时候，她会认真地告诉同学老师讲课的规律是什么，只要能按照老师的讲解顺序听课，就能做到认真听讲了。同学们在听进去这些话之后，对女儿就有了前所未有的信任，之后我女儿说的很多话都成了同学们遵循的规则，她在同学心中有了威信，顺理成章当选了班干部。

如何引导孩子更好地去管闲事

既然成长中的很多能力都跟管闲事有关，你还会讨厌孩子管闲事吗？引导孩子更好地去管闲事是我们的责任，以下几点建议希望能给父母们一些启发。

第一，不训斥孩子，也不阻碍孩子管闲事，而是要去引导孩子。如果你的孩子在外面看到有人扔垃圾没有丢进垃圾桶，孩子在指出别人不对，但被对方无视的时候，他可能会向我们表达对这个人的厌恶之情，这时我们要去问孩子觉得刚才这个人的行为哪里不好？我们站在旁边看笑话是不是也不好，怎么做才是最佳的选择呢？引导孩子把垃圾捡起来，并告诉孩子，清理垃圾也是我们的责任，他没有丢进去不见得是故意的，没有回应可能是他没有听到你的提醒，只要我们以身作则，一定会影响更多的人爱护环境的。孩子因此会知道身体力行和管闲事是要同时发生的。

第二，认真聆听孩子管闲事的过程，及时补充管闲事时孩子遗漏的知识。比如，我家女儿抱怨同学上课说话，我会提醒她不要因为想纠正别人而忽略了自己听讲，把注意力更多地集中在老师讲的知识上，下课后，可以通过提问同学老师讲的知识，让同学认识到上课认真听讲的重要性，这样做既管了闲事，也让同学愿意和我们一起合作，课堂秩序自然就好了。

第三，放手让孩子通过管闲事认清人际关系中自己所处的位置。如果自己没做到还想管别人的闲事，别人是不会听你的，如果自己身体力行并运用了智慧让别人信服自己，愿意跟自己合作，那么孩子就会从一个普通群众升级到领导的位置，领导力自然会得到充分发挥。

男孩有泪要轻弹

男孩子为什么也爱哭

绝大部分家长都不希望男孩哭，认为哭这种情绪表达方式只适合女孩。我曾经看到一个在商场门口哭的男孩，妈妈在一旁一直数落他："一个男孩这么爱哭，真丢人！要哭离我远点，不爱靠着你！"妈妈越说孩子越哭，这个场景让人心酸。男子汉大丈夫的观念一直存在我们的头脑中，一个男孩如果爱哭就会被认为不坚强、没出息。

为什么男孩也爱哭呢？孩子在 4 岁之前是没有性别差异的，他们哭只是为了表达心情、宣泄情绪。如果哭被压抑，他们的情绪就会无的放矢，身心很容易受伤。为了保护自己，不能自由哭的孩子，就会转换使用其他方式发泄情绪，如对外攻击，或者自我虐待。

有科学数据表明，经常可以尽情大哭的人，可以减少一半以上的疾病发生。原因是当情绪随着哭声宣泄而出的时候，内心的阻碍会被去除，我们会很快恢复到平衡的状态，再去做事的时候，准确而又高效。孩子们天生就是一个情绪平衡高手，哭在他们的世界里不是软弱的表现，相反是他们可以勇敢地去面对一切该面对的事件最好的缓冲。

我有一个来访者是非常爱哭的男孩，他已经6岁了，有事就哭，而且很多时候都是躲在妈妈背后哭。我跟他沟通后，了解到他三四岁的时候很爱哭，妈妈一直说他是男子汉，不应该哭。妈妈认为男孩一定要独立，如果不从小建立男子汉的形象，很担心以后会表现懦弱，在社会上无法立足。于是男孩的哭被制止了，男孩的身心越来越压抑，他表达情绪的方式开始发生转换，比如，他会喊叫、会大声吵闹、会摔东西，甚至还会动手打人，但这些行为也不被妈妈接受，并被妈妈以极其粗暴的方式制止了。孩子实在不知道如何处理自己的情绪了，他不再想面对自己的情绪，实在忍无可忍就大哭一场。

知道了这些，我给孩子的妈妈建议，孩子都是有情绪的，一定要给他建立一个表达情绪的通道，哭是最好的选择，简单、直接、高效，我们只需要在孩子哭的时候，陪伴并拥抱孩子即可。当孩子感受到父母在背后支持他的时候，他才会真正愿意挺起胸来成为真正的男子汉。3个月以后，孩子的状态慢慢改变，遇到有情绪的时候，他会通过喊叫或使用语言对抗的方式来代替哭，又过了两个月，孩子开始说道理了，可以把他内心深处的真实感受表达出来了，面对情绪激动的孩子，每一次妈妈都会平静地陪着他、拥抱他。这样过去了半年，他男孩子的气质终于回来了，他不再以哭喊、打闹作为表达情绪的方式，开始好好说话，他会把心里所有的想法都告诉妈妈，妈妈惊喜地发现，她居然有一个心思非常细腻的儿子。

男孩子哭和这三方面有关

一个男孩的哭和他的意志品质，也就是勇敢有着很大的关系。作为男孩一定要勇敢，有担当，在他勇敢地通过哭的方式进行情绪表达时，一旦不被支持，他会认为勇敢是不对的，长此以往，他会陷入逃避的死循环里。

男孩子哭和他的解决问题能力也有关系。当他遇到情绪困扰的时候，他会选择先将情绪平复下来，再去想解决问题的方法，平复情绪最直接的方法就是哭。如果哭不出来，他只能生闷气，情绪得不到疏散，解决问题的方法也就不会出现。

男孩哭跟情绪管理更有关系。我们都知道，一个人有情绪是一定要表达出来的，孩子先是通过哭找到宣泄的途径，然后会一边哭一边表达，将自己内心深处的真实感受说出来，再后来他就不再哭了，因为他发现语言表达本身就是情绪宣泄的方式，他会开始学习如何表达得更清楚，更有道理。

如何让男孩子哭得更有价值

既然男孩子一定要哭，那如何能教导孩子哭得有意义呢？下面就来谈谈父母改进方案。

第一，陪伴孩子尽情地哭，千万别说男孩不能哭。在孩子哭的时候，我们要支持他，而不是给他贴标签（爱哭的男孩就不是男子汉！男子汉大丈夫有泪不轻弹！）阻拦他的情绪宣泄，我们越阻拦孩子越对抗，而且每次都会以哭的方式对抗我们，爱哭就会成为一种习惯。

第二，想让孩子哭的时间短，一定要不唠叨也不讲道理，更不要试图去说服他别哭。

第三，及时转移孩子的注意力，让他的情绪尽快平复下来，并倾听他内心的声音。及时引导孩子找到解决问题的方法，这才是让孩子的哭变得有意义的关键。孩子哭的时候不唠叨，陪在孩子身旁；当孩子哭声渐止的时候，我们转移一下孩子的注意力；当孩子的情绪完全平复之后，我们就引导孩子说出哭背后的情绪感受，并且找到是什么样的问题触发了这种情绪，一起讨论找到这个问题的解决方案，再指导并陪伴孩子把问题解决掉就好了。

哭可以让男孩更好地成为男子汉，只要我们愿意全身心地陪伴他。

第十章

孩子兴趣发展的情绪管理

孩子的完美我们不懂

孩子坚持要完整的东西

我两个女儿在两岁半至三岁之间都发生了一件事，而且两件事是一模一样的。有一天晚上我大女儿要吃饼干，我就把家里仅存的一包饼干给她了。拆开包装发现里面的饼干碎了，没有一片完整的。当时我没有什么感觉，可是孩子的反应却让我接受不了，她立刻大哭起来，坚决不要碎饼干。

我开始还比较耐心地给她解释，并且做示范先拿起一片来吃了，告诉孩子饼干是碎了不是坏了。可无论怎样劝说都没有效果，她整整哭了 20 分钟，我最后暴跳如雷，一巴掌拍在她屁股上，她才停止哭闹。我当时就想，看起来孩子管教无效的时候就得靠收拾。后来我学习了完美敏感期的知识，才知道原来孩子对完美的追求有着深远的意义，在孩子的世界里，完美并不是完美无瑕的意思，而是完整无缺的秩序。

她想要完整的饼干，其实就是坚持要一个完整秩序。有一个阶段女儿确实不再要完整的东西了，但是她却变得没有秩序，很多事都是开了头没有结尾，我明白其中道理后就开始改正，每次给她准备的东西一定是完整无缺的，孩子慢慢地被完整的感受吸引了，她的秩序也回来了。后来小女儿也出现了类似行为，她吃馒头必须要一整个，掰开的绝不接受。我吸取了老大的经验，立刻满足她的要求。

成全孩子的完美敏感期

对孩子来说，完美和他成长过程中很多习惯都有莫大的关系。

我们所理解的完美和孩子所理解的完美是截然不同的，我们的完美特指完美无瑕，不能有任何瑕疵，很有强迫的感受。而孩子的完美只是要求完整，只要能让他们从始至终完整地体验一个东西，所有的秩序不被打乱，孩子就会有巨大的收获。对于孩子来说，这种完整的完美更有利于他们身心的健康。

完美和秩序也有着密切的关系。一个在完美敏感期的孩子，他的秩序敏感期也开始了。在这个阶段里孩子们会有序地摆放物品，尽管可能放的位置不对，但是他一定会按照他内在的秩序去建设并且有始有终。这个有始有终是孩子认为的始和终，不是成人的。比如，孩子读一本书，读到一半就不读了，这就是他的终，他认为需要停止了，可是我们成人认为他必须读完，就要求他回来继续读，这时候就等于打破了孩子的完整秩序，是对他的干扰。鉴于孩子的注意力保持时间以及他们当前的认知局限，他们是不可能和成人一样有条不紊地安排自己的秩序的，他们只能在当下完整地体验秩序。

支持孩子的完美，陪同他们一起进步

在孩子的完美敏感期里，建议家长这样做：

第一，保护孩子的完美。我们要认识到孩子的完美就是完整性，孩子跟我们的标准是不一致的，我们需要放下自己的完美标准，才能实现孩子的完整体验。

第二，利用孩子的完美意识，训练孩子的整理技能。孩子们既然喜欢完整秩序，那么他们一定喜欢做整理，因为整理既是秩序的建立，又是孩子完整做事的体验。当时我是这样做的：首先带大女儿到她整洁的房间察看了一圈，然后把她带离。孩子离开后，我把衣柜里的衣服拿出来乱扔在床上。当孩子再回到房间时，我要求孩子一起到床上玩。她看看床上的衣服摇摇头，

我问这些东西应该放在哪儿，女儿说应该在柜子里，我说："咱们一起把衣服送回柜子吧！"女儿认真地点点头，在整理过程中，我负责折叠，她负责摆放，在我的引导下，她顺利地实现了分类安置。收拾停当，她兴奋不已，要求再来一次，我就趁机把其他柜子里的衣服全部整理了一遍。

我和女儿一起经历了一段像这样的美好的下午时光，幸福之余，她的整理技能也得到了培养。

第三，利用孩子的完美意识训练孩子的意志力。因为孩子要求一定要从始至终完整地体验，所以只要不在中间打断，也不一直催促、唠叨，孩子都会坚持到底。比如，孩子搭积木的时候一边搭一边推倒，父母千万不要在旁边指正他做得不对，仔细观察就会发现，孩子是在用这样的方式进行完整的秩序体验。如果孩子积木没搭好发脾气了，就该我们出场了，但唯一该做的就是拥抱孩子，在平复他的情绪之后，先带他玩点别的游戏转移注意力，然后再邀请他搭建其他作品。仍然尊重孩子的秩序方式，不给他任何建议，除非他求助，这样做，孩子坚持到底的意志品质就被培养出来了。

第四，引导孩子看到点之外更大的面或领域。从某个点出发让孩子学习到更广泛的知识，是父母很重要的责任。还是以孩子玩积木的案例讲解，如果孩子因为没有耐心，积木搭不高很生气，我们可以用另外一堆积木，用自己的方法搭。刚开始我们可以笨手笨脚地把积木搭得很难看，很容易坍塌，并且表现得很不耐烦，然后我们再假装突然灵光乍现，用聪明的方式搭一个高大、结实的作品，并用恍然大悟的语气说原来只是把底下摆得更整齐一点，就可以搭这么高啊。孩子一直在旁边观察，其中诀窍已经了然于心，他会马上采取行动再试一次。当孩子成功之后我们不但要肯定，还要真诚地告诉他，跟他一起学习很开心。

和孩子角色互换的教育启示

角色扮演敏感期

我有一个来访者的孩子特别喜欢编故事，妈妈担心孩子活在不现实的世界里太久，影响人际关系，所以请我帮孩子调整一下。跟孩子沟通的过程中，我发现他的世界确实很丰富，可以描述很多角色和复杂的事件、场景，这些都是他想象出来的，而他只有 5 岁。

这个孩子在编故事的时候眉飞色舞，表情特别激动，而且感觉到身心愉悦、特别放松。妈妈说孩子不着调，让他学习，就没有这么大的兴趣。我告诉孩子的妈妈，孩子有一个角色扮演的敏感期，也称之为社会身份认定的敏感期。在这个时间段里，孩子要进行社会身份的自我训练，还有很多孩子有一些特异性的表现，比如，在公共场合独立表演的时候会怯场，对别人夸赞自己的时候会害羞，特别在意输赢，只要跟别人比赛赢的一定是他。这一系列的表现都是因为孩子对自己的身份要有一个认定。大家都知道我们不止一个社会身份，我们既要做母亲也要做女儿，还要做妻子；更要做上司，还要做员工；当然我们要做朋友，还要做邻居，等等，这一系列都是我们的社会身份。每个人都有很多身份，需要从这个时间段里一一进行体验。所以角色扮演和身份认定之间的关系清晰了，也就能够理解为什么孩子特别喜欢角色扮演。

角色扮演在孩子的生活里扮演着什么样的角色

孩子通过扮演一个角色，可以体验这个角色的言谈举止，还可以感受到扮演这个角色时的心情和想法，所有丰富体验都会让孩子沉浸在这个角色中。比如，孩子们喜欢玩过家家游戏，他们特别喜欢当爸爸、妈妈，这时的他们是有主导权和控制权的，他会不停地让孩子睡觉、吃饭，还会让孩子看着他忙，给孩子做什么事都要让孩子服从他，就像我们在家里要求他们一样。所以通过这个游戏，尤其是他们换位我们，我们换位他们的身份一起游戏之后，孩子对我们身份的理解就会更深刻，而我们对孩子的处境也就特别有感受了。

孩子的角色扮演是为了帮助他们对将来不同的身份提前进行模拟实验。孩子和我们做游戏的时候还特别喜欢当我们的老师，他们把自己在幼儿园里学的东西教给我们，他们通过当老师就把知识牢固地掌握了，而我们唯一应该做的就是好好做学生。

角色扮演还可以训练孩子的沟通交流能力。因为在不同的角色中，孩子对内、对外的力量是不一样的，如果他是做父母的，就要变得很有掌控力；如果他是做病人，就要求助于医生；如果是售货员，要把东西卖给我们，那么他就要用积极推销的思维让我们去购买。这些都可以激发孩子以不同的方式，为了达成自己要扮演这个角色的目标进行不同方式的沟通、交流，不但能丰富他们的语言体系，还可以拓宽他们的逻辑思维，更重要的是可以让孩子感受到这个角色的魅力所在。

另外，角色扮演和学习有着重要的关系。一个孩子能够把体验角色时的所有感受真实地表达出来，基本就是他学习这个角色的全过程了。比如，孩子当老师教我们东西的时候，他一定要先掌握这个知识点，成就感也会让他更愿意坚持学习。

如何让孩子在不同身份里快乐学习和成长

角色扮演能让孩子学习"换位思考"，这对孩子的想象力、观察力、思维能力和解决问题能力，都大有好处。在角色扮演和互换中，我们应该重点注意三方面：

第一，跟孩子一起玩过家家游戏，但是我们不做主导者，要服从孩子的支配和安排。千万别在这个游戏中去支配孩子，改变他的规则，因为互换角色是互相体验对方感受的过程，如果我们拒绝体验就代表我们不尊重，也不想跟孩子之间形成平等的沟通交流关系，那孩子将来就会放弃与我们之间的联接，这是一个很大的损失。

第二，感受扮演孩子角色时的心情和想法。除了当时感受扮演孩子角色时的心情和想法外，游戏结束以后要跟孩子进行讨论，就像孩子送我去幼儿园的场景扮演结束后，我会跟她分享感受。

第三，允许孩子以多种身份感受生活暂时的错位。比如，我大女儿训斥小女儿就像我训斥小女儿一样，这时候我就知道她的身份错位了，但是我不会去纠正她，因为妹妹会作出反抗，并且会让她感觉到她的掌控没有意义。通过她们之间长期的互动，她放弃了以暴力或者责骂的方式去控制妹妹的想法，开始思考怎样能跟妹妹合作，这就是孩子管理经验的提升。

孩子在生命中有很多宝贵的实践，但是这些必须是他们亲身体验过才有价值，我们千万不要成为拦路石，阻碍他们的成长。

学特长究竟是为了谁

让孩子学特长的心理

孩子没有不学特长的，可是为什么我们要让孩子学习特长呢？是为了完结我们的心愿，还是从众心理，抑或是为了考学做准备呢？有些人说，我不能让孩子输在起跑线上。我也曾经加入孩子学习特长的大军中，当时我的想法是：幼儿园阶段全班 30 多个孩子就没有一个孩子没有特长，上小学后孩子们的特长会更多，我怎么能让自己的孩子落下呢？完全是怕输在起跑线心理和从众心理在一起作祟。

学特长对孩子的好处

学习特长对孩子到底有没有好处呢？我曾经做过深入的研究，既然要付出时间、精力、金钱，我总需要知道做这件事有什么回报吧。我查阅了很多资料，知道了如下几点：

学习任何特长都可以促进感官、大脑和四肢的协调配合，促进大脑细胞神经元的活力和增长。孩子大脑发育有一个特异性，就是孩子在妈妈肚子里6个月时，大脑细胞数量会暴增，数量相当于成人的 1.5 倍，这或许就是孩子头大的原因。孩子出生后脑细胞开始逐渐减少，到 6 岁时脑细胞数量跟成人一样多，在这 6 年里，孩子通过学习和环境刺激，对多出的脑细胞进行优选，学习效率高、反应快的脑神经元细胞将会被留下，接下来将利用这些脑细胞完成 18 岁前的所有学习任务，可以这样说，脑细胞的优选质量决定着孩子的学习质量，而优选的主要方式就是通过孩子动手能力、语言能力和身体运动能力开发完成的。18 岁以后脑细胞开始慢慢衰减，到 60 岁时，脑细胞开始迅速衰减。

孩子越早通过手和身体体验，学到各种知识，让自己的认知范围扩大，去除各种限制，让自我探索能力发挥得更充分，他的脑细胞活力就会越好。学习特长对孩子是很有好处的，所有的特长学习都会从手和身体的训练开始，这会让大脑神经元细胞持续接受刺激，优选的过程就会越顺利。为什么学习特长一定要练习呢？是为了在大脑中形成反射，并形成记忆。不断地练习可以在大脑和身体肌肉中形成记忆，比如，孩子在反复练习新学的钢琴曲时，一方面在她的大脑中会对这首曲子的节奏产生反应，继而她的身体肌肉通过按键记录下这些节奏，当一首曲子反复弹多遍以后，身体就会形成自然的流动，达到心流状态时，只要大脑中有节奏产生，身体肌肉就会自动配合，不需要看谱子一样能流畅地弹出美妙的乐曲。经过反复练习，最终孩子掌握了一项技能，这将成为她终生不会磨灭的能力。之后无论多少年不再使用这项技能，只要稍作练习就可以轻松重新拾起来，成为生命中服务于我们的一种工具。

学特长和身体发育有着明显的关系。比如，我家的小女儿是剖腹产的，她的身体协调性就没有姐姐好，出现了感统失调的现象。为了帮助她，我给她做了很多感统训练，即便这样，她仍然在5岁那年骑着滑板车从小斜坡上滑下来摔倒了，手没有伸出来，下巴着地，伤口缝了8针。我知道她的身体协调力还需要更多的训练，我给孩子报名学习钢琴，想通过弹钢琴的手眼协调练习提高她的身体协调能力，经过5年的努力，她成了一名体育健将，擅长击剑和短跑，我们才停止钢琴的学习。

孩子学习特长和他的人生观也有关系。一个学特长的孩子因为可以持续、有深度地学习一门技能，在人群中会吸引一批跟自己有共同话题的人成为朋友。学习时间越长，见识也就越广，越会形成自己独特的见解，越会受到大家的喜爱。记得我有一个朋友的孩子从小就喜欢各种各样的石头，妈妈非常支持他，经常带他参加各种石头展览，让他去研究琢磨。这个孩子的见解很独到，他擅长用石头做比喻，很恰当也很有趣，他以石头为题写的作文，受到老师的好评。他的风趣幽默深受同学的喜爱，他当选了班长。老师对他的评语是：思路开阔，见识广泛，见解独特。

正确对待学特长，培养优秀的孩子

学特长对孩子的好处不胜枚举，前提是家长有良好的心态和恰当的目标。如何在孩子的成长过程中陪伴他掌握更多技能，从而在未来的人生路上更游刃有余呢？给各位家长以下建议：

第一，明确孩子学特长不是为了圆自己的梦，更不是为了让孩子表现突出。就像我小女儿的经历一样，我们很明确是为了让她不再受伤，如果只是为了从众，或圆父母的梦，学习不是为了了自己，孩子是没有动力的。

第二，制订孩子可以完成的练习计划。这个计划不是老师说的，而是孩子能完成的。我家孩子弹钢琴的时候，老师让练10遍，她最多弹5遍就没有耐心了，我就会告诉孩子，5遍没有关系，只要能把曲子弹流畅，自己感觉满意就行，她果然执行得很好，也就坚持下来了。

第三，以游戏的方式来帮助孩子坚持练习。我家孩子练琴的时候特别痛苦，经常坐不住。我就把她的小娃娃放在钢琴边听她弹奏，而且我也会去聆听，还会跟她做一些游戏，如我故意把她弹奏的曲子唱跑调，让她通过弹琴帮我找回曲调。

第四，及时记录孩子的成长轨迹。从孩子第一天学习开始，每个月都要做一次记录，最好是用视频的方式存下来。当孩子学习坚持不下来的时候，让他看看自己曾经走过的路，看到现在自己的收获，就能坚持了。尤其是孩子有情绪的时候，与其跟孩子战斗、说服他，不如转移注意力，让他看看这些小视频，看看自己的成长轨迹，跟孩子聊聊学习特长带给他的收获是什么，当孩子被自己不断进步的事实打动之后，再开始练习就更有动力了。

第五，坚决不把学习特长当成自己的事。孩子不学了，千万不要直接给他贴上做什么事都不能坚持的标签。孩子在这里不能坚持，不见得在别的地方不能坚持，明明是孩子在学特长，为什么我们要去替他做决定承担责任呢？要是看不惯孩子学特长的态度，就问问自己有多少次不能坚持的经历，自己做不到就别要求孩子去做。

第十一章

孩子社交的情绪管理

如何引导内向的孩子交朋友

内向并不是缺点

我小的时候很内向，奶奶总是提醒我要学会交朋友，可是我真的觉得很难。跟别人在一起的时候不知道说什么，看着别人说得那么开心我却插不进嘴，特别别扭。那时候我就有一种感觉，我被整个世界隔离了，于是我对内向就有了一个主观的认知：内向是无能的表现。所以当我们不能接受孩子内向的时候，往往就是因为我们有内向的表现，不想让孩子和我们一样无能。我们却没有想过一件事，万事万物皆有存在的道理，有外向的人自然就有内向的人，如果两种性格的人比例不合适，那么就不能形成平衡了。外向的人太多，内向的人太少，这个世界就会太嘈杂；而外向的人太少，内向的人太多，这个世界又太安静。

内向的孩子善于观察，而且很愿意钻研。我在辅导中心观察到这样的情况：上课时外向的孩子参与积极，在整个教室里奔跑；而内向的孩子总是安静地坐在那里，他们先观察再思考，最后再动手，绝不像外向的孩子那样看到东西就上手。

内向的孩子还会表现为心思缜密，逻辑思维清晰，很善于做计划。我朋友 5 岁的孩子就是这样，他做事情的时候特别喜欢计划，妈妈要带他出门，他会提前收拾好包，把出门所需物品装得妥妥当当。

我有一个来访者 7 岁，是个没有朋友的孩子。他妈妈很担心孩子的社交能力，希望我教会孩子交朋友。在和孩子沟通时，我发现他的观察力特别好，而且在逻辑思维和思考方面很有心得。我们在一起沟通的是一幅图，需要通过仔细辨认才能找到 5 个隐藏图形，孩子一直坐在那里钻研，只用了 10 分钟左右就全部找到，比我的速度还要快。我告诉孩子的妈妈，其实完全没有必要拿孩子的劣势去跟别人的优势比，不要想着把孩子变成另外一个人。他不是个爱交朋友的人，他更多的是给别人助力，不是每个人都要做领导。

内向的孩子在这些方面特别出色

孩子的内向与他的洞察力发展有着密切关系。一个内向的人因为有着缜密的逻辑，他的思考力就会很强，而思考是来源于观察的，如果我们只是停留在表面的观察，没有动手实践和钻研，也不会产生洞察力。一个孩子如果能沉下心来，扎实地去观察、体验、记录，甚至进行创造，那么孩子未来的人生一定会非常棒。

内向和孩子的学习力也有着重要的关系。一个孩子善于观察，就会勤于思考，当他喜欢思考时，学习能力自然也在提高。比如，孩子在学习的过程中，会不断发现问题，他通过深入地思考，找到不同的解决方案，在尝到动脑的甜头后，他会更有动力钻研学习，这样的孩子怎会学习差呢？

内向的品质还与领导力有关系。虽然内向的孩子很难成为领导，但是很多外向的人在成长到一定阶段的时候会向内与自己沟通，此时他的内向并非我们理解的不说话，而是沉稳、耐心、有节奏地观察周围的一切，不会贸然做出决定，此时他们就不分内向、外向了。

发挥内向孩子的优势，成就他们的未来

作为父母，我们首先要接纳内向的孩子，认识到他们有很多优点，按照他们的优势去引导和培养孩子，具体应该怎么做呢？

首先，要让孩子静静地去观察。有时候他们观察的时间很长，而且重复的次数特别多，这是他们分层次向下探究的过程，千万不要打断他们，我们唯一要做的就是守在旁边，耐心地当他的支持者和守护者。陪伴孩子体验观

察、研究的过程，就成了内向孩子父母的必修课。

其次，通过提问让孩子理清思路。一个孩子在钻研的时候，受制于他的认知局限，当他的知识和认知还不够广的时候，我们需要给他们提醒。比如，我小女儿5岁前很内向，她思考的时候非常专注，但有时候思路会被自己打断。有一次我们一起玩迷宫游戏，刚开始不久她就找不到路了，一些情绪涌现出来，尝试三五次后她想放弃。我其实已经看到了一个便捷的通道，但我没有直接告诉她答案，我提醒她可以试试出发后多走几条岔路，可能会有惊喜。内向的孩子都比较沉稳，他们也愿意接受建议，果然她尝试走了两个岔路后找到了正确的路线。从此以后，每次玩迷宫游戏，她都会先尝试走岔路口。

再次，我们要给孩子独立计划的机会。我带孩子出行的时候，小女儿因为比较专注内向，我会让她来做计划，她会条理清晰地做各种备注。在准备东西时，她在罗列清单的过程中还会加上一些提醒，如毛巾后面会打括号标注毛巾的大小、厚薄，要容易晾干，因为目的地正处于潮湿的季节，思考非常细致。

最后，我们陪伴孩子走向人群。内向的孩子是不愿意主动走向人群的，这时候千万别催他，尤其是推着他走进人群，这会让他很没有安全感，我们该做的就是先带着孩子站在外围看小朋友玩，当他越来越开心的时候，我们可以与孩子手拉手一起往里走，当孩子选择放开我们的手走向小朋友时，我们跟他保持1米的距离，让他随时回头都能看到我们，这样做孩子就可以很快融入其中了。内向的孩子跟外向的孩子不同，他们慢热，但他们一旦融入，将会成为伙伴中最受欢迎的孩子，因为他们的耐心、细致和善于倾听是大家都喜欢的优秀品质。

爱表现的孩子更出色

孩子爱表现的好处

我有个朋友的孩子很爱表演，恰逢那时我大女儿也这样，于是两个孩子就惺惺相惜了。有一次我们一起去参加一个朋友的婚礼，两个孩子狂热地登上舞台，一中午连饭都没吃，尽情地表演。朋友很苦恼，说这孩子人来疯，我告诉她那是因为她不知道孩子爱表现的好处。

下面我们来说一下爱表现孩子的心理需求。首先，他们通过这种方式可以得到很好的关注，很多成人，尤其是老人特别喜欢自己的孩子爱表现，这样就可以得到朋友们给自己的好评，不仅感觉脸上有光，而且心里也觉得自己家的孩子聪明。其次，孩子通过这样的表现也可以展示自己的技能，通过一次又一次的表演，让技能熟练，不断升级；爱表现的孩子还可以有效地了解他人的喜好，他演什么能得到他人的赞美，这一点孩子是知道的，是唱歌、跳舞，还是脱口秀，哪样能让更多的人给自己好评和关注，孩子就会在这方面深耕并勤于练习。

爱表现的孩子很聪明

知道了上面的内容，我们是不是觉得爱表现的孩子很聪明？

爱表现和公众演说是有着密切关系的。我小学时特别喜欢表演，还曾经入选了少年宫艺术团，但是因为身板硬、基础差，没学多久就离开了，可是我爱表现的潜能一直在基因中。现在我做了老师，我很善于公众演说，影响了很多人，这应该就是我爱表现的潜能被激发出来的结果。为什么爱表现与公众演说有关呢？公众演说要求肢体语言和神态都要生动，以协助传递语言中不能直接表达的感受和力量，爱表现的我可以将这个技能用得游刃有余。公众演说还需要稳定的心理素质，从小就喜爱公众表现的我，在这方面得到了很好的锻炼。

爱表现这种品质和人格魅力也有关系。因为爱表现，我会刻意塑造自己的身姿和行为动作，这和出风头不一样，爱表现是为了展现自己的美，出风头则是为了超过别人而做的刻意展示。当一个孩子特别爱表现的时候，最好能让他多一些专门的修炼，比如让孩子接受系统的礼仪训练，或者让孩子多看一些经典图书。

爱表现还会激发孩子的学习力。因为孩子要表现并得到好评，就必须升级自己现有的技能。总是停留在原点，怎么能得到更多的赞美呢？于是孩子就会学新东西，并且他们还会在现有学习的基础上做升级改造。比如，我家女儿从小爱跳舞，有一次她跟一批接受过专业训练的小朋友同台表演，女儿在旁边只是像跟班一样摆摆造型，让她很是不爽，表演结束后，她就要求去学舞蹈，从那时开始到现在已经有 9 年了，她还一直在坚持。

如何趁孩子爱表现的时机培养他们

既然爱表现不是坏事，那么怎样趁着孩子爱表现的时机来培养他们呢？

第一，不要只跟着起哄凑热闹，要抓住让孩子增长知识的好机会。比如，我家女儿参加了一台晚会，晚会上有很多专业演员，她只是一个群众演员跟着打酱油，当她看到那么多优秀舞者到位的表演后，很是激动，立刻有了模仿的想法，在模仿的过程中，她发现自己很多动作都做不到位，而问题就出在基本功上，从此她开始苦练基本功，晚上背书都是在劈叉练习中完成的，孩子在爱表现的过程中找到了提升自己的动力。

第二，带孩子多去看高品质的舞台表演或者影视作品。我曾经带着孩子看过几场著名舞蹈家杨丽萍的演出，整个过程孩子的眼睛一眨不眨，看完之后激动不已，一直问她是怎么做到让身体这么柔软协调的，尽管那时她只有六七岁，却给她留下了深刻的印象，她把杨丽萍当成了她努力的目标和榜样。另外，孩子还把经典电影《音乐之声》看了三遍，经典的音乐和悠扬的歌声，让她深刻体验到了艺术的魅力。

第三，根据孩子的喜好进行专业训练，并且定期安排孩子参加比赛和演出。参加比赛和演出能让孩子直观地看到自己的学习成果，同时也能让孩子深深体会到基本功的重要性，以及坚持训练的必要。

第四，帮助孩子树立榜样和偶像。孩子从 5 岁以后都会有自己的榜样和偶像，像杨丽萍就是我女儿舞蹈学习路上的榜样。她还有很多其他偶像，比如她喜欢 TFBOY 中的王俊凯，并把他当作正向积极热爱学习的榜样，她每次心情不好的时候，都会通过熟悉的歌声找回自己的力量。

孩子之间抢东西的游戏规则是什么

孩子都喜欢抢东西

为什么孩子都喜欢抢东西？首先这是一种力量训练的方式。在动物世界里，高级哺乳动物都会这样训练幼崽。在动物小的时候，会不断发生互相打闹、撕扯的行为，看起来很凶猛，但其实是一种细微的力量训练。当它们可以自由控制自己的力量时，就不再互相争抢了。同时这也是一种博弈的训练。博弈就是在双方僵持不下时破局的方法。在博弈中出现僵持时，以什么样的策略让对方先放弃呢？我记得有一个非常出色的案例介绍：两个人开车面对面全速加油对撞，就在两辆车即将撞上的时候，其中一个人把自己的方向盘拔下来扔出车窗，对面车辆中的人看到这一幕后，立刻打方向盘，调转方向逃之夭夭了，这就是博弈。孩子们在抢东西时也会出现僵局，此时，有的孩子力气大，一下就能把东西抢过去了，有的孩子虽然力气小，但是他会想办法在转移对方注意力之后完成抢夺。在博弈过程中，孩子们会采取一些小伎俩，比如他们会大哭、大喊、大叫，以向成人求助，还会用自己的肢体去攻击对方，以达到抢夺成功的目的。

抢东西会促进孩子哪些能力的发展

孩子之间抢东西可以促进人际关系的发展。孩子小的时候语言发展不好，跟别人抢东西其实是一种沟通方式，"越打越亲"的体验在这时可以得到完整呈现，越是经常打闹的两个小朋友，他们的关系越好。抢东西还可以完成物权宣告。孩子在自我意识敏感期时会有占有意识，物权占有就是其中之一。当他们通过抢东西把物品占为己有的时候，就等于宣告了自己拥有的权利。孩子们有了这样的意识，将来才会有区分你我的界限感。

抢东西可以促进孩子的智力发展。孩子的智商是天生的，但智力是后天发展的结果。能不能把东西抢过来要靠智力，用蛮力是很难每次都成功的。我曾经见过一个小孩，他抢东西几乎每次都能赢，可是他的身材很小，力气也不大，怎么做到的呢？他会使用转移注意力法，当他和别人抢东西的时候，他会先放弃，然后拿起旁边另外一件物品到刚才和他抢东西的小朋友面前玩，同样处在自我意识敏感期的小朋友很快就会被吸引，会跟他抢这件物品，他会马上放弃，立刻拿起刚刚那件物品离开现场。这样开发智力的方式，不错吧？

抢东西还可以训练孩子的身体反应力。抢东西的过程中要下手狠、稳、准，这不仅需要孩子反应迅速，还要求孩子有很好的观察力，找到抢东西的最佳时机。抢东西得手后，要迅速作出反应，赶紧跑，抢了不跑就会被人抢回去。

抢东西与安全感也有关系。一个安全感差的孩子被抢了东西后会大哭不止，抢夺让孩子感觉不安全。当一个孩子被抢之后，没有什么反应，他的安全感会相对之前的孩子更好一些，他很容易接受东西没了的现实，会迅速选择其他喜欢的东西。抢东西容易得手的一方安全感是最好的，但是他们往往不太珍惜抢到手的物品，会随意乱丢，因为他认为抢东西就是为了抢东西，不是为了占为已有。

如何通过抢东西对孩子进行训练

抢东西并不是什么坏事，然而也不能过分放纵孩子对物权霸道的控制欲，应该合理疏导，正确引导自己的孩子。

第一，不要呵斥或者打骂孩子。因为抢东西是孩子的一种训练方式，是他们成长的游戏规则，我们越训斥，为了吸引我们的注意力，孩子抢东西的方式和频次越会提高。

第二，在家里跟孩子玩抢东西、过家家。这些游戏怎么玩呢？孩子玩玩具的时候我们在旁边说也想玩，他不给时就可以用点力去抢，他哭喊的时候你就用转移注意的方法抢到手，他使劲哭时就还给他，告诉他我们在玩抢东西的游戏，我拿在手里的时候，你从我这儿抢走好不好？孩子会很乐意加入其中，过程中一定要让他成功抢走几次，这样做孩子会玩得很尽兴，当他出门时就不会再抢别人的东西了。我们还可以通过"过家家"的方式，让他体验抢东西的过程，比如，我们把一些毛绒玩具放在一起，假装让其中的两个玩偶抢夺一个玩具，在表演激烈的拉扯过程时，看看孩子的反应。很多孩子会要求停下，并像一名法官一样，要求两个玩偶一起玩或轮换玩这个玩具，孩子这样做以后，再遇到抢东西的场景，就知道该如何处理了。

要让孩子知道融入集体靠合作

不合作的孩子

我女儿班上有一个同学是个小霸王，他不跟任何人合作，总是用最霸气的方式占有别人的东西。他妈妈不止一次找我沟通，请我帮助这个孩子。经过观察，我发现这个孩子很想融入集体，也想跟别人合作，但是他的脾气不帮助他，他总是想在别人面前说了算，想要大家都听他的，自然就得不到小朋友的接纳。而这些都跟他的家庭有关，他在家里所有人都宠着他，根本就没有给过他平等合作的训练，基本都是一个人说了算，不能融入集体也就很正常了。

为什么孩子需要集体

在一个集体中，孩子们拥有不同的特质，这样的互补关系可以形成非常好的合作。比如，一个擅长观察的孩子和一个擅长说话的孩子在一起，他们就很互补，说话的孩子总能够及时发言，善于观察的孩子就有更多的机会观察周围的变化，并及时传递观察结果给善于表达的孩子，再做下一次发言，就像电影《中国合伙人》中呈现的一样，每个人都发挥自己的最大特质，就会形成最完美的合作。

孩子们的特长不一样，会自动区分成不同的小群体，经过互相模仿、影响，可以让孩子的能力迅速得到提高。

我们中的很多人很想让孩子成为集体中的领导者或中心人物，如果孩子做不到就会产生情绪。比如，有位妈妈来找我，说自己的孩子很懦弱，跟同学一起玩的时候只能追随，从来不主导，她觉得孩子有些窝囊，问我有没有办法让孩子改变。孩子和我们加入集体的目标是不一样的，我们的目标是让孩子成为集体中的佼佼者，让孩子不受欺负，而孩子的目标是寻求合作，通过模仿学习让自己成长。在两者目标不同的情况下，我们该尊重谁呢？

融入集体的孩子，智力提高会很快。孩子如果能够融入集体，他将会得到集体的智慧。有一个实验发现，在一个集体中年龄偏小的孩子受益最大，因为他们总能时刻跟随大孩子并模仿他们，可以迅速获得最直接、有效的经验。

孩子们是否融入集体，与他们未来事业的成功也有关系。如果孩子可以跟集体成员很好地合作，就等于有了很多帮手，长大后能够很快找到与自己匹配的合作伙伴。

融入集体和孩子的人生定位也有关系。有的孩子在集体中总是起到带头作用，其他孩子都跟随他，而有的孩子一直都处在跟随中，没有自己的主意，他们更乐于执行领导者的命令。这些都会影响孩子未来的人生定位，乐于带领的孩子，会更有责任感，乐于跟随的孩子更有执行力。

如何帮助孩子融入集体，增加朋友

任何人都无法离开集体而存在，孩子与集体的融合有利于未来人际关系的建立。在帮助孩子融入集体，交更多朋友这件事上，我们应该怎么做呢？

第一，重新认识孩子在集体中的位置问题。当领导者是要承担责任的，不是每个孩子都愿意这样做，更多的孩子更乐于执行。我们要帮助孩子找到他们在集体中的位置，学会与他人进行合作，孩子融入集体也就会有巨大的收获。

第二，接受孩子经常要换朋友的事实，重新去看待孩子更换朋友的意义。我有一个朋友特别不能接受他的孩子总换朋友这个事实，我就告诉她，孩子跟不同朋友在一起合作时，会学到很多东西，当这些朋友身上的经验他已学得差不多时，他就需要换个朋友，帮助自己继续进步了。作为成人也一样，如果我们是一个学习力很好，一直在不断进步的人，我们的朋友一定会不断更换，我们需要对我们进步有帮助的朋友。

第三，不要涉足孩子的社交。要求孩子跟谁做朋友或者不跟谁做朋友，这是成人最不该做的。我们有自己的喜好，但并不代表你的孩子跟你喜欢的小朋友就能顺利合作，帮助孩子找到与他匹配的人比我们喜不喜欢更重要。

第四，不在孩子面前评判他身边的朋友，当然也不能当着孩子的面评判自己的朋友。因为朋友的定义就是合作者，我们的评判会让孩子误解合作的意义，他的注意力会从两个人的互补发展转到挑剔对方的错处，这样做很容易失去朋友。

第五，增加集体出行的机会。可以和很多朋友经常聚会，让孩子们之间形成一个合作集体。我们经常换着朋友出行，那你的孩子就会有很多个集体，他通过跟不同集体的合作，找到最适合他的集体，以及他在这个集体中的最佳位置。

坏人都喜欢好孩子

听话的孩子

曾经看到过一个陌生人带走孩子的实验，实验中陌生人使用棒棒糖以及各种欺骗性的语言，比如，我是你妈妈的好朋友，我是你妈妈的同事，她让我来接你等方式时，都会引起孩子的防范，但是在陌生人说出下面这句话时，60%的孩子都跟随陌生人离开了，这句话就是："我现在特别需要帮助，你能帮助我吗？"

为什么会这样？因为孩子太善良吗？追踪发现，那些没有跟随陌生人离开的孩子，他们并不是不善良，而是他们更有自己的判断力。在这个实验结束之后，研究人员重点调查了那些自愿帮助陌生人而被带走的孩子家庭，发现他们有一个很相似的生活模式，就是听父母的话。得到这样一个答案后，大家不禁深思，听话的孩子是好孩子，这样的标准错了吗？为什么在实验中听话的好孩子因为乐于助人而被骗了呢？研究人员又调查了那些没有跟陌生人走的孩子，发现他们也很善良，但是他们有自己的主意，善于思考，所有事情发生的时候，孩子们都会先为自己负责任，他们会想我这样做会带来什么后果，要不要做，而不是像前面那些听话的孩子一样，听话照做。

好孩子在生活中的痛苦

每个家庭都想有一个好孩子，每个家长都想让孩子顺从自己，我们有一个好孩子时，最起码可以证明自己不差。让孩子顺从我们，也是为了让自己下半辈子有依靠，不听我们话的孩子怎能养我们呢？这些都是我们的想法，而孩子内心真实的声音是：真想成为我自己，但是不可以，我们必须接受父母的掌控，这样他们才高兴。

听话的孩子内心是压抑的，他们背负着成人不能完成的重任，他们感受到不能做自己的痛苦，他们时时刻刻想从压抑中逃脱出来。被迫无奈之时，他们会做出要么逃离要么对抗的选择。

曾经有一个 13 岁的来访者，孩子很优秀，但不听话，总有自己的想法，做的好多事都是在挑战父母的忍耐力。屡教不改之下，父母采取了一系列干预手段，比如，停止发放月钱，没收手机，每时每刻监管孩子的一切行为。孩子崩溃了，拒绝上学，用各种方法挑战父母的极限，比如，晚上不睡，早上不起，把自己的房间搞得一团糟。明显这个孩子在通过牺牲自己来对抗父母。在我的协调下，父母终于愿意放手，让孩子自我决定并承担相应的责任了，不管他把房间搞得多乱，几点睡、几点起，父母都不再干预。10 天以后孩子受不了了，他这样做就是为了触发父母的情绪，可是父母却视而不见。没有像正常人一样生活的愧疚感油然而生，孩子无法再坚持了，某天早上他背起了书包，再次走进了学校。

我在公司里有一项任务就是培训新员工，我在带新员工的时候就发现了很多问题，那些敢于冒险、挑战的人很难找到了，而且他们在培训中会发出一个声音，如果某个东西学起来很难，他们想的是先放下不学，而不是要怎样突破。

支持孩子做自己

每个孩子都是独一无二的存在，每个人都只能为自己的未来负责，孩子没有责任为我们圆梦，也不应该一直听从我们的安排。支持孩子做自己，他们在人生道路上才能越来越有能力为自己负责。大家可以重点关注以下三点：

第一，接受孩子和我们是不同的。我有个朋友望子成龙，孩子一出生她就在研究各种教育方法，当时我很赞成，觉得她很负责，但是后来我发现她不是研究这些方法要教育好孩子，而是研究这些方法怎么去说服孩子听自己的。她家孩子和我女儿经常一起玩，我女儿自由、天真、爱探索，喜欢接受挑战，遇到困难绝不放弃。而这个孩子和我女儿的表现完全相反，时时刻刻在想着如何逃避。我不理解这么负责的一位母亲怎么会让孩子变成这样，跟她聊天之后发现，孩子在经历阅读敏感期时，她知道孩子通过阅读可以帮助认字，也知道孩子通过阅读可以发展语言，她就刻意跟孩子说："你现在正处于阅读敏感期，阅读是为了认字，为了让你能够更好地发展语言的，所以你得听我的，你要跟我一起说，这样你的语言能力就会比其他小朋友好，而且你认的字也会更多。"就这样，孩子被训练成刚才所说的样子了。

第二，请不要要求孩子完成我们的目标。很多父母对孩子寄予厚望，给孩子报了很多辅导班、特长班，让孩子做各种各样的练习，我们对外说这是孩子的兴趣，想开发他的天赋，在我们的内心深处，选择让孩子学习的内容，好多都是我们曾经不擅长的，或者是我们有兴趣但是没做到的，孩子成了我们延续梦想的工具，他还怎么做自己呢？我家小女儿喜欢运动，她接受了很多运动类的训练，比如，跳远、跑步、击剑，体验过程中她发现自己在接受击剑训练时的激情最高，于是她就选择在击剑上投入更多的时间进行训练。只要我们能尊重孩子的选择，孩子都会找到属于自己的方向。

第三，允许孩子成为真实的自己。让他们以自己的方式说话，以自己的方式行事，我们即便看不惯也要在旁边陪伴，因为他们只有这样做，才能走上成为自己的道路。每个人都有自己的个性，他可以被社会教育，但不是必须被我们纠正。我们很多人都曾经历过，牺牲做自己的权利，成为别人想要的样子，长大后我们会花去很多时间重新找回自己，与其长大了再修正自己，为什么不从现在就开始让孩子做自己呢？

别给不爱分享的孩子贴上自私的标签

不分享只是在明确物权意识

孩子都有一个不爱分享的时期，叫自我意识敏感期。在这个时间段中，不分享是他们最正常的行为，而不分享完全不是因为自私，而是因为他们在建立物权关系。很多成人对物权关系是没有概念的，比如，我有个同事在办公室里会随意拿别人的东西，他不认为自己有问题，所以当大家讨厌他的时候，他自己都不知道为什么被讨厌，有的人说他没规矩，还有的人说他爱占便宜。其实追溯他的生活轨迹就知道，他从小没有物权关系概念，认为别人的东西和自己的东西是没有区分的，他认为我只是使用了一下而已，你们也可以使用我的。所以，孩子们非常清楚，物权是他们生命里人际交往很重要的基础。

不分享是一个有原则的过程，某些情况下不分享并不是因为自私的动机，而是那一刻他不愿意分享。我举个例子，我女儿小的时候也经历了这样一个时期，她不但不爱分享，还会去占别人的东西为己有，看到任何小朋友的物品都会拿过来，并且说这是她的。当时我知道她只是在明确物权关系，东西她并不想要，我没有跟她去争辩说把东西还给小朋友。我唯一做的就是跟随她，在她不再关注这个东西时将它送还给别的小朋友。另外必须做的就是向小朋友家长道歉，因为成人在意规则，在意礼貌。如果遇到她拒不归还的时候，我会先让她保留，同时问她可以把自己的什么东西交换给小朋友玩，她如果也不同意，我会提出给小朋友买一个一样的东西还给他，她会立刻要求要新的，我就说，你先把东西还给小朋友，我们就去买，通常孩子都会配合。

不分享和这两方面有关

不分享与人际关系，尤其是人际关系中的界限有着重要的联系。我们在生活和工作中发现很多人是没有界限感的，他们总想替别人做决定，也想替别人负责，但是自己的事却没做好，把自己搞得混乱不堪。在工作中经常见到，很多领导给自己的下属布置任务时，会仔细地告诉他的员工每一步怎么做，既然发了工资给员工，却不发挥他的工作能力，一定要替他人负责，是为了哪般呢？而员工呢，当他去按照领导的意思做事的时候，他是弄不清楚领导要这样做的动机，因为自己没有思考，最后这件事做不好是必然的。然后，不仅员工没有成就感，领导也会对员工的能力产生怀疑。在这个管理过程中，领导就是犯了没有界限的错误。在家庭里没有界限的事件更是屡屡发生，父母总想干预我们，总想替我们做决定。我们虽然一直在反抗，但是我们还是会使用同样的方式对待我们的孩子。不仅如此，和配偶之间的沟通合作也会受阻，导致生活中矛盾不断。当一个人能有界限地活着时，他一定会感觉到自己很自由，他只是在为自己负责，同时从不干扰别人。

不分享和自我管理也有着重要的关系。自我管理其实跟界限是有关联的，能够为自己做决定，并且承担全部责任的人就是自我管理特别强的人，这必须是以先有界限为前提的。一个自我管理能力强的人，他的进步自然快，而一个自我管理能力弱的人，因为总想替别人多干点而失去为自己做事的时间和精力，生活一定是一团糟。

关于分享这件事，应该如何教我们的孩子

既然我们明白了不分享并不是自私，就应该尊重孩子的学习方式，不强求孩子分享，并且不以点概面地给孩子贴标签，如说孩子自私。另外，我们要给孩子一个属于自己的空间，让孩子管理自己的物品。这个管理空间可以是一个抽屉，也可以是一个柜子，让孩子把自己的物品都收纳在这里，他会因此学会整理。当时，我女儿的东西都会存到一个小柜子里，我给她在柜子里放了几个收纳箱，贴上标签，以图片的形式标明哪些是玩具、哪些是工具、哪些是学习用品，清晰的分类让她养成了分类整理的好习惯。学会分类后，我又教她进行收纳箱里摆放的管理，因为把物品直接扔进收纳箱还是乱的，我把收纳箱里放上小格子，格子按照尺寸大小、形状不同分类，物品再次被细分。看到整齐划一的收纳箱，孩子越整理越起劲。这样做不仅让孩子有了整理意识，还会让孩子感觉到秩序与规则的魅力，更重要的是她对自己的东西能管理好时，自我管理能力也得到了提高。

第十二章

孩子学习的情绪管理

没有不爱学习的孩子

从被限制到排斥学习

孩子们是一张白纸，特别渴望被涂画，可是因为他们的学习方式和成人不同，所以经常会遭到成人的阻拦和限制，长此以往孩子就会失去学习的兴趣，而且会在潜意识中留下一个印象：只要学习就会遭到限制，只要学习就会造成跟父母的关系紧张。孩子出现厌学情绪时，并不是对学习再也没有兴趣了，他只是不愿意在学习过程中经历不良的家庭关系。

我有一个三年级的来访者小路，他所有的作业都无法完成，上课不能听讲，学什么都不会，对于父母而言，他是一个很令人头痛的孩子。和这个孩子进行沟通的时候，我发现，他并不是什么都无法学习，他只是对学校里学习的知识有困难。比如，他会头头是道地跟我讲是如何玩游戏的，而且会告诉我他通过研读通关秘籍，帮助自己通关成功；他还跟我讲了完成复杂造型乐高积木时的一些心得。我不禁好奇，为什么一些需要钻研的学习他可以坚持完成，却不能把该学的知识学会呢？

在跟他父母沟通的时候发现，父母每天都要轮着陪伴孩子学习，说是陪伴不如说是监工，孩子一边写，家长一边在旁边盯着，而且孩子只要学习的过程中一点细节跟家长的标准不一致，就会遭到炮轰，如孩子拿笔姿势不好、写字的时候歪头了或者写的字歪歪扭扭等，都会导致家长马上发动自己的训斥机制，让孩子紧张不已，孩子渐渐就对学习失去了兴趣。他感觉学习是一种负担，每当他学习的时候心里就有恐惧情绪，他认为解决此情绪最好的方式就是放弃学习。

放开限制后孩子的变化

我和小路父母进行了一次深度的沟通，让他们先跟孩子承认自己的错误，对曾经在孩子学习中的情绪失控以及各种责难进行道歉，另外认识到自己的标准不能替代孩子的学习方法，让孩子开始为自己负责，自主学习。在改变的过程中虽然有些小波折，但两个月后孩子的学习状态发生了改变，10个月后可以独立完成作业了。一个孩子不能学习，并不是他不想学，而是他的学习方式得不到家长的支持，因此产生了厌学的情绪。

我们在孩子学习的过程中一定要跟孩子达成共识，清楚知道学习是为了增长见识，认知越丰富，情绪就越稳定；认知越匮乏，见识越少，限制就越多，情绪则越容易失控。当我们跟孩子一起学习或者在教导孩子的过程中，如果发现很难掌控自己的情绪，就说明我们到了该学习的时候了。总是督促孩子学习，而我们自己不长进，是对孩子成长的最大阻碍。

做好五点，让孩子爱上学习

让孩子爱上学习其实并不难，因为他们的天性就是学习和探索，下面为家长们提供五条建议，希望对您的家庭教育有所帮助。

第一，重新看待学习的意义。学习是我们终身都要经历的过程，要日积月累、学以致用才有价值。所以请不要在某个时期让孩子去完成突破性的增长，学习不是短跑，是马拉松，我们要让孩子有自己的节奏，按照他的内在秩序，对各种知识有兴趣地去掌握。

第二，孩子想学什么和我们认为该学什么是两回事，我们要遵从孩子的内在需求，这比要求孩子遵从我们的需要更重要。我有一个朋友，她觉得弹钢琴是一件特别优雅的事，弹钢琴是她从小的梦想，就给孩子报了钢琴班，结果孩子每次在家练习都跟她战斗，整个家庭鸡犬不宁。我告诉朋友这是她的梦想，跟孩子内在成长需要完全不同。她的孩子特别好动，坐不住，去学习跆拳道或某项体育运动，都比坐在那里弹钢琴见效快。

第三，允许孩子试错。试错这件事我已经说过很多次了，肯让孩子去犯错，就等于让孩子找到了乐趣。

第四，不给孩子唯一答案，这是让孩子爱上学习的重要方法。我孩子小的时候，她们会照着图纸搭积木，搭建完成后，我就带领她们胡乱搭，没有美感、没有功能，只是要不同的答案。孩子很快就明白了呈现不同结果的意义，从不同角度考虑问题的方式从此也根植于她们的头脑中了。

第五，只有父母爱学习，孩子才能爱学习。请不要指望一个不爱学习的父母，可以培养出爱学习的好孩子。我看到过一则报道，有人追踪了500个家庭孩子的学习记录，其中有70%的家庭父母是不爱学习的，这70%家庭里的孩子也只出了一两个优秀毕业生，而其余30%父母持续在学习的家庭中，60%的孩子都以优异的成绩毕业。所以你想要孩子成为什么样的人，我们首先就要成为什么样的人。

孩子写作业慢有心机

孩子写作业慢是有原因的

孩子为什么写作业特别慢？是他不想写课外作业，写完作业没别的事做，家长就会总想让孩子再多做点。家长总是想把孩子的时间占满，孩子即使做完作业，也没有安排自己时间的权利，于是他们就采取了消极怠工的方式来对抗家长的支配。在与家长产生对抗的过程中，难免会触发家长的情绪，这让孩子感觉很痛快，就像"报仇"一样痛快。我小的时候写完作业就想看课外书，但是奶奶总会给我布置很多作业，这让我非常愤怒，我会刻意把能在学校写完的作业留到回家后写，在家里一直磨蹭到晚上10点，让家人束手无策，那个时候我心里真的感觉很痛快，因为这是我唯一能够采取的反抗方式。

为什么家长那么在意孩子写作业慢

我们感觉孩子写作业慢，睡觉就会晚，影响休息就会影响身体健康，可是我们却没想过孩子写作业慢是有动机的。尤其当我们看到别人家的孩子是在学校里就把作业写完，晚上既可以玩又可以读书，还能早睡，而自己的孩子什么也做不到时，情绪会立刻涌上心头。如果再看到那些学习成绩优异的好孩子在不断地做课外练习时，我们就更着急了。面对自己的孩子连作业都写不完，每天的练习都会比同学少的状况，焦虑会让我们失去理智。

曾经有一个来访者，孩子每天写作业写到半夜，经过了解后发现，这个孩子的父母经常说他有拖延症，时间一长，孩子在这种标签的影响下，给自己种植了拖延的心理暗示，因此作业越写越慢。我要求他的父母不再管孩子的作业，写得快慢或写到多晚，都由孩子自己决定，父母不给他额外布置更多课外作业。开始孩子并不适应，对父母早于自己睡觉产生很多情绪，但是在父母坚持下，两周后孩子的作业书写速度明显提高了，不到两个月，孩子就能在学校完成所有作业了。为什么孩子会有这么大的改变呢？首先，之前有父母陪伴他写作业让他有依靠；其次，因为孩子对父母有一些反抗情绪，他通过拖延让父母焦虑不安，心里会感觉到痛快。看到了吗？任何一个写作业到半夜的孩子都是有原因的。

如何提升孩子的学习效率

面对写作业慢的孩子，我们家长应该如何帮助他提升学习效率呢？

第一，允许孩子管理自己的时间。如果孩子认为这个时间是为我们而学的，比如，怕我们给他布置更多的作业；抑或我们给他贴了拖延的标签，让他觉得有足够的理由慢；或者我们总是在催促孩子，他心里非常烦躁的时候，就用写作业慢来对抗我们，这都是孩子不能进行自我时间管理的起因。长此以往，孩子不但形成了坏习惯，做什么事都会变得很拖拉。

第二，父母以身作则做好时间管理的示范。很多不懂得时间管理的孩子，他们父母的自我时间管理也很差，比如，家长带孩子来找我做咨询的时候，孩子在跟我沟通，他的父母就在外面看手机，一看就是一个多小时。当我跟孩子父母沟通的时候，他们仿佛还没从追剧中缓过神来。我问孩子的父母，如果他们的孩子闲下来了也做这样的事，会有什么感受呢？我们总是会给自己不珍惜时间、不做好时间管理找很多理由，可是看到孩子这样做，我们就受不了了。还是应该先以身作则，才能促进孩子的转变。

第三，不刻意为孩子安排更多的练习，让孩子根据自己的情况来选择练习。我女儿做各种习题都是有针对性的，计算能力差了，就练计算题；过一段时间她觉得物理基础不太好，就会去做物理题；再过一段时间觉得自己的英文阅读有点下降，她就会专门做阅读。

第四，要让孩子为自己做出的选择独立承担责任。孩子说我想磨蹭，那就让他晚睡，他晚睡的时间久了，身体吃不消，他一定会调整的。如果我们总是在旁边不断地催促他，并且给予他你自己认为对的建议，孩子为了跟我们对抗，他宁可难受，也绝不改变。

第五，让孩子有自由安排自己时间的权利。我女儿只要做完了功课，完成了她当天的学习任务，剩下的时间都归她自由安排。有了自己可支配时间的权利，孩子们才有真正的动力为自己节省时间。

为什么孩子安静坐着却没听懂课

安静坐着却听不进课的孩子

我女儿曾经就是这样一个孩子：她安静坐在那里，学习成绩却没有提高，因为她真的没听进去。我家孩子是听觉学习型的，她学习的时候一定要动手、动眼睛、动身体，只有耳朵朝向老师保持不动，她的注意力才会完全专注，学会老师教的知识。为此我特别给她准备了一个小本子，让她上课的时候随便涂鸦，她的眼睛只要跟随手不断地在动，耳朵就可以跟上老师认真听讲。一开始老师不理解，要求孩子一定要坐好认真听讲。孩子确实停下来了，结果一节课下来，什么也没听进去，学习效果很不理想。为此我跟老师做了一次深入的沟通，说明了视觉学习型和听觉学习型孩子之间的差别。我还告诉老师，孩子在家写作业时会同时听音乐，这样做不仅没有降低她的学习质量，效率反而提高了很多。

不同学习类型孩子的训练方式

孩子的注意力是后天训练的结果，他们天生不具备这样的能力。注意力分为主动注意力和被动注意力，注意力的训练主要是针对主动注意力的。我们先说一下被动注意力，就是看电视、玩游戏时使用的注意力。使用被动注意力时，孩子根本不需要动脑子，只是被动跟随剧情或游戏的环节，一步一步向前推进就好了，他的身体会做出反应，但是大脑几乎不动。主动注意力是观察思考时使用的注意力，不长久但很高效。

根据孩子的学习类型不同，我们训练主动注意力的方式也不同。首先，视觉学习型的孩子就是看着老师听讲的学生，他们需要进行视觉追踪的训练，比如，玩走迷宫、思维导图观察、找不同游戏。对于听觉型的孩子就不能这样训练了，要更多让他们去通过听来判别内容，比如，念一串数字，让孩子能够复述，或者让他听很多物品的名称，然后说出一种物品名称，问孩子是否包含在刚才念过的物品名单中。还有一种孩子的学习方式是体觉型，他的学习是通过自己亲身体验完成的，这种孩子的注意力训练方式就是让他完整体验，比如，他们为了认识时间会把表拆了，拆的过程就是注意力训练的过程。孩子的注意力是基于兴趣而持续的，是被影响和吸引的结果。比如孩子对搭积木很感兴趣，他就会一直操作。当我们通过观察发现孩子的兴趣所在时，只要不打断他持续操作的过程，就能培养出注意力集中的好孩子。孩子一旦有一段时间保持集中的注意力，我们就要及时给予肯定，比如，他们在搭积木或玩拼图一段时间后，我们就要说你的注意力真集中，你认真的样子让妈妈很欣赏，我要向你学习。孩子被肯定之后，他的这种好习惯就被保留下来了。

如何训练孩子的注意力

除了针对不同学习类型孩子做针对性的训练以外，父母还应该关注如下改进方案：

首先，不要给孩子做差的示范。比如，孩子想跟我们认认真真谈话，我们却一边看手机一边听孩子谈话，这就是一心二用了。

其次，焦虑、易怒的状态是会让孩子失去注意力的。曾经有一个来访者，特别焦虑，随时随地在提醒孩子，而且一说就是很多遍，这种状态让孩子特别紧张，随时随地都在等妈妈传唤他，这样是不可能有注意力的。

再次，自己不能有耐心地陪伴孩子辅导功课的情况下，一定要请求外援。比如，请个辅导老师或者送去托管班，因为对于家长来说，与其辅导作业鸡飞狗跳给亲子关系带来伤害，还不如把孩子交给一个有耐心的老师，在他的陪伴下，孩子的学习效率更高。

最后，跟老师沟通，对孩子的进步要及时给予肯定。比如，孩子曾经上课只能集中精力听讲 5 分钟，今天如果能达到 10 分钟，就请老师给个肯定，如果老师没时间就请老师反馈给我们，我们在家认真地肯定一下。这都是有效帮助孩子提高注意力的好方法。

上课回答问题与学习成绩有关系吗

孩子上课害怕回答问题

上课为什么要积极回答问题呢？当然是为了巩固知识，同时通过回答问题，让自己知道哪里还有缺漏，回答问题也是帮助注意力集中的好方式。但是，为什么我们的孩子不愿意积极回答问题呢？孩子感觉自己回答得没有同学好会觉得丢脸，还有就是紧张，同时孩子还害怕答错了问题会被同学笑话，当然老师批评也是害怕的原因之一……有了这些原因，孩子对回答问题就有了障碍。我的孩子曾经也不愿意积极回答问题，我就问她回答问题的时候会有什么感觉，她说特别紧张，而且在答错之后心里会非常愧疚，觉得自己不好。她的这个回答让我想到自己小的时候，每一次回答问题想的都是为了怎么能让老师不批评我，而不是为了找到正确的答案。

很多父母面对孩子上课不回答问题是有情绪的。最严重的就是焦虑，担心孩子会落下功课。别的孩子能积极回答问题，说明人家学会了，我们孩子没有积极回答问题，说明我们的孩子不明白或根本就不会。我们还会认为这是一个必须改的坏习惯。我们在不知道回答问题的真正好处的时候，难免会把焦虑的情绪传递给孩子，这样既不利于解决问题，又会让孩子更紧张，回答问题的行为就更实现不了了。

让孩子明白回答问题的好处

回答问题跟学习成绩有着密切的关系。我们要帮助孩子明白回答问题的好处：回答问题可以复盘知识，有问有答，知识才会在大脑中留下深刻的印象，而且在复盘这些知识的同时，还可以汇总知识，通过老师提的问题，把这些知识点串成一条线，知道它们之间的关联，达到梳理知识的目的。在回答问题的时候，发现自己不会的或者不理解的点，通过提问或认真听讲，听听老师对此的讲解，同学们不同角度的回答，达到查漏补缺的作用。回答问题不是为了让自己在老师和同学面前表现，而是把我们输入的知识通过自己的理解输出的过程，越输出就会越知道自己哪里不足，越能尽快补救。如果能针对老师的提问进行多角度思考，找到更多的答案，效果更好。比如，上数学课的时候老师出了一道题，大家的解题方案各有不同，一个问题出现了2~3个答案的时候，大家的思考维度就会被拓宽，孩子就会知道所有的知识点在不同的角度，都会找到不同的答案。

转变观念，鼓励孩子回答问题

每位家长都希望孩子上课能和老师互动，通过积极回答问题来提升学习成绩，既然我们知道了回答问题对孩子真正的好处，那么如何帮助孩子变成爱回答问题的学生呢？

第一，少唠叨，别抱怨。孩子不是不想回答问题，只是不知道回答问题有什么好处，同时我们也没有给他足够的引导，让他看到回答问题对他的帮助。

第二，要鼓励孩子从不同的角度去回答问题。比如，我们在家里做习题的时候，可以让孩子换个角度想想这道题还有什么解法。有一段时间我家小女儿迷恋上了多方法解题，每次想到不同解法的时候都很兴奋，解题完毕，她还会感觉特别满足，她的思维不断在升级。

第三，在鼓励孩子回答问题的同时，一定要允许孩子回答错误。一个不知道什么是错误的孩子，当然也不知道什么是对的。有一个老师曾经这样说：当你对所学知识没有问题的时候，说明你根本没学会；当我们回答问题错误的时候，我们离学会这个知识就更接近了。

第四，我们来提问让孩子复盘上课学到的知识点。比如，有个阶段我女儿对生物知识有些混乱，我就让她在大脑里回想每节课学到的生物知识，然后按照记忆顺序一一写下来，写多少算多少，写完之后去串一串，看它们之间都有什么关系，并讲解给我听，我会就听到的疑问点对她提问，尤其是我没听明白的，会让她再讲一遍，如果还是讲不清楚，我们就一起去查资料或问老师，直到把这节课上的知识点都弄清楚为止。这样做后，女儿会主动在课上回答问题了，学习的动力也更足了。

第五，让孩子当老师，把当天在学校学到的感兴趣的知识点讲给我们听。在女儿上幼儿园大班和小学一二年级时，每天都会学到有趣的知识，她就天天给我做老师，把学校里学到的教给我。在学习过程中，我会故意答错问题，我出错越多她教得就越认真，她的知识输出也就越完整，学得就更扎实。

通过以上方法，我们可以有效帮助孩子找到上课回答问题的动力，如此一来，成绩提高只是迟早的事。

面对考试，为什么我们比孩子还紧张

考试这件事，家长比孩子还紧张

孩子面对考试紧张，是因为他们担心父母和老师会批评他，也担心在同学中会落后，更担心被好朋友超越。孩子通过考试是为了证明自己，但是家长面对孩子考试为什么会紧张呢？因为我们担心孩子的成绩落后，自己脸上无光，我们还担心影响孩子未来的发展，更担心孩子出工不出力，学习不扎实，养成坏习惯。我们对孩子考试的理解是通过考试来看孩子的实际水平，为孩子的今后做规划，而孩子考试只是想证明自己。

我们和孩子对考试的理解是不一样的

考试是对日常所学知识点的多角度测试，主要是为了检查孩子对知识的掌握和应用情况，每一次考试都会分为基础部分和提高部分，基础部分都是有标准答案的，是孩子必须掌握的基本知识，提高部分就跟实践应用有关系了，需要孩子有更宽广的认知，有多角度的思考能力，而且还要有广博的知识和生活中的实践经验，这是没有标准答案的，所以有些日常表现优良的孩子逢大考就会考砸，这就会让孩子不能确信，自己在考试中会有好成绩。我曾经采访过一个好孩子，他每次考试成绩都特别好，他觉得考试就是把日常的知识再串一遍，把那些已经熟悉的知识点答一遍，非常简单。我听完之后很受启发，把他的回答告诉我家孩子，我女儿也觉得是这样，对于考试，最关键的是日常积累。

为什么我们跟孩子之间会因为考试发生冲突呢？我们会认为孩子不够努力、学习不扎实，孩子感觉委屈，因为他的辛苦付出非但没有得到肯定，还被批评了。我记得我女儿考完试后，同学对她说今天晚上没好日子过了，不是"棒子炒肉"就是"混合双打"，都不知道怎么跟父母说。孩子有这种想法的时候，他就会把注意力放在对抗父母的质疑上，而非对自己当下考试成绩的解析、纠正、提高上，而且孩子一旦被我们批评了，他们对考不好的愧疚感就消失了，他们认为反正父母已经批评过我了，我们已经扯平了。孩子的学习动机也就变成让父母高兴，而不是成长、提高自己了。我曾经也有这样的经历，孩子刚上学，我对她很负责，每次考不好我都会冲她发脾气，狠狠地批评孩子的不认真，结果不但没有改善，而且我还发现她对考试无所谓了。觉察后的我决定放手。当孩子发现我不再替她承担考不好的责任时，她是很不情愿的，一考不好就会大哭，那时我只是在旁边陪着她，宽慰她说，一次考不好只是为了提醒我们查漏补缺，如果你愿意，妈妈可以跟你一起找原因。孩子很快平静下来，拿出卷子跟我一起找考试中的短板。

和孩子达成共识，通过考试提升自己

考试能让孩子认识到自己的不足，在平时的日积月累中加强对薄弱知识点的不断梳理和理解，只要家长和孩子们一起面对考试这件事，注意以下几点，就一定可以达到通过考试提高孩子能力的目的：

第一，重新看待考试对孩子的意义。考试是帮助孩子对知识进行复盘，找到自己的不足，查漏补缺的过程，成绩并不决定人生。

第二，协助孩子为自己的考试成绩承担责任。不要责骂孩子，只是帮助他找到在考试中遗漏的知识点，跟孩子一起分析错题根源，是不会、粗心、还是理解题目有误。比如，我女儿数学考砸了，通过分析发现，她的基础知识扎实，错误都出在提高问题中，主要是因为欠缺思路，概念记混了，她一直错误地认为 A 知识点和 B 知识点之间是有关联的，但实际上两者没有任何关系，这就导致跟这部分知识有关的题目都错了。事后，她重新复习了这些知识，并找到同类型习题练习，之后就没有再出错。考试可以有效帮助孩子找到自己努力的方向，平静地和孩子一起找到需要弥补的知识点，比我们简单粗暴地发泄情绪更加管用。

解决孩子成长中的问题永远是家庭教育中不变的真理，陪伴孩子的同时成为睿智的父母，是我们坚持学习的最佳理由。保持好情绪，使用好方法，教育好孩子，也是对我们的一场考试，不是吗？

学习成绩能决定孩子的未来吗

考试出现不适完全是心理暗示

有一个来访者，他一考试就会肚子疼。据他妈妈说，从小学二年级就这

样，现在五年级了，越演越烈，不管大考、小考都会肚子疼。跟这个孩子做了沟通后了解到，只要考试时间一过，肚子疼的症状就能好转，很明显这是心理暗示产生的效应。经过深入挖掘发现，有这种反应的原因是孩子担心考不好，爸爸、妈妈会批评他，老师也会对他失望，面对考试孩子想到的不是如何输出所学的知识，而是对考试可能带来的结果，深感压力。随着压力的增大，孩子越来越不能面对考试，直接放弃会带来周围人的嘲笑，通过心理暗示带来身体疾病就是最好的逃避理由。

为什么我们觉得学习成绩决定孩子的未来

第一个原因是我们认为上大学读名校是成功人生的捷径，尤其身边出现很多成功案例后，就更加强了我们让孩子一定要上名校，走成功之路的想法。如果孩子在人生起点上就不如别人，我们从心理上是无法接受的，而衡量孩子是否能够跟别人比肩的唯一方式就是考试成绩。

第二个原因是我们自己的学习成绩并不优秀，认为自己现在的平庸完全是因为成绩不佳导致的（当然这是我们自己找的理由），不希望孩子重蹈覆辙，因此我们对孩子的成绩就会特别关注。

第三个原因是我们想要孩子以后生活稳定，而生活稳定的前提就是工作稳定，工作稳定的前提就是学习成绩优异。我面试过很多员工，很多大学刚毕业的找工作的前提就是要稳定，对于他们来说不能有太多压力，找工作都不考虑销售岗位。很多大学生热衷于考研、考证书、考公务员，就是为了能有一个稳定的工作，这种思维都是谁给的呢？未来我们的世界就没有稳定，处处是创新、改革，如果现在就求稳定，未来如何适应社会，又如何生存下去呢？

最后，我们要了解一下孩子对学习成绩是如何看待的。我大女儿曾经跟我说，她身边有 3 个好朋友，学习成绩都比她好，自己一定要赶上，和她们齐头并进，她把学习成绩当成了证明自己并获得社交关系的途径。我小女儿则是通过学习成绩让自己获得自信，她学习成绩一直在班里名列前茅，但她总觉得自己的实力不如另外两位成绩不相上下的同学，因此每次考试她都会充分准备，一旦成绩超越两位同学，自信心就会倍增。

如何正确对待孩子的学习成绩

现在大家都知道了，学习成绩的好坏和人生成功根本就不是一回事，那我们就要重建一下认知系统：

首先，要知道学习是终生的事，不是短跑，而是马拉松。学习成绩只是孩子一个阶段对认知掌握程度的验证，是查漏补缺的工具，既不能说明孩子优秀与否，也不代表孩子的未来。我大女儿小学时成绩并不好，经常排名倒数，我并不认为这一段时间的学习就代表她终生的状态，每次考试败北后，我都鼓励她说这已经是你人生的最低谷了，只要努力就会比今天强。另外通过考试，可以及时帮助你发现需要补救的学科和知识点，这样很方便我们解决问题，爸爸、妈妈能帮你的我们从内部解决，我们帮不了的就请外援，我们一起努力，你的进步会很快的。这样，孩子很快就从与自己的情绪斗争中解脱出来，及时把注意力从愧疚转移到查漏补缺当中，学习动力满满，进步每天都在发生。

其次，我们要从各个角度看待学习成绩这个问题。成绩好坏并不代表人生的优劣，让孩子认识到自己才是价值的根本，知识只是让我们更有价值的工具。我一直保持每天学习两个小时的习惯，不仅学习了很多知识，还进修深造了很多专业，但我并不是用这些来证明自己成功的，而是把我学到的知识全部应用在工作生活中，让我收获价值和成就。

再次，要帮助孩子掌握更多的技巧和能力，让学习成绩成为成功人生的辅助工具，而不是主打工具。我小女儿一直在练习击剑，大女儿在学舞蹈，这些练习都在提升孩子的能力。比如，舞蹈可以让孩子的身体协调性、柔韧度以及吃苦的能力得到提高；而击剑可以让孩子的体能、身体反应力、战术规划能力得到提高。为了提升能力，她们参加了很多比赛，在磨炼技术、向他人切磋学习的同时，还取得了不俗的成绩，这都让她们的价值感爆棚，真正体验到了成功。

第十三章

亲子合作的情绪管理

孩子在外谨慎在家撒欢为哪般

我曾经有一个来访者是个在外面不爱说话的孩子，已经 8 岁了，在外面从来不言不语，总是被别人支配，而且从不积极参与大家的活动，从两岁多到现在一直没有改变过。孩子的妈妈问我如何才能帮助孩子融入集体，参与到别人的活动中。

为什么孩子在外面不言不语

首先，孩子是以观察学习为主，然后再进行研究操作。我曾经观察过我小女儿，她就是这样的孩子。她看到人群中热闹的互动却并不加入，只是站在远处一边观察一边学习。比如，她看到小朋友们把树叶摘下来放在自己的小桶中，又用自己的铲子拨来拨去说是炒菜，她觉得很有趣，就要求回家拿她的小桶模仿这些孩子的操作。她在操作的过程中还会把土、沙子加入其中当调料。这个过程她玩得很尽兴，但是仍然没有加入小伙伴中。一段时间之后，她发现自己的操作步骤以及操作结果比那群孩子做得好了，这个时候她才走进群体中。孩子对自我进步是有目标和计划的，当她还不想参与到集体中时，很可能是想要将自己最好的成果、最佳的表现呈现给大家。

其次，孩子们有安全意识。那些安全意识特别强的孩子，在没有完全弄清楚游戏规则之前，是不会贸然行动的。

还有一种原因是孩子想控制全局，必须一击命中，观察学习可以帮助自己有效地胜出。我小女儿的案例，她推迟加入集体的实际动机，就是想成为主导者，而不是跟随者，长时间的观察对她是有意义的。有些孩子即便参与其中也是跟随者，这并不代表孩子不行，而是孩子想要更有深度的学习。这些孩子通过自我研究没有得出成果，也没有足够的创造力时，加入集体，在跟其他小朋友的互动中找到灵感，是这些孩子的需要。比如，我大女儿，她跟小朋友在一起玩的时候特别容易融入其中，跟他们的互动也特别积极，在这个过程里我观察发现她不是完全追随，一开始的追随是为了以后能更好地提高。她一边跟着小朋友玩一边琢磨改进方法，总会想出一些新玩法，吸引其他小朋友按照她的做法来玩，从跟随到带领，孩子的自信在增长。

支持和帮助在外不爱说话的孩子实现自我

在外不爱说话的孩子是严谨的，在他们的成长过程中只要有以下做法，我们一定要帮助他们完成。首先他们仔细地观察是为了精细地计划，规划能力是他们的训练目标，这时候只要不打断，让他们独立完成，就是对孩子最好的支持；其次是观察全局，找准位置，有逻辑地安排自己的行为角色，有秩序地完成自己的任务，并承担应该承担的责任，成为一个高效的执行者或领导者，这就是他们的训练目标；最后一项就是孩子在确定目标以后会明确方向，补充相应的知识，为了达成目标而努力。就像我家大女儿融入集体的目标，是想推行自己的创新玩法，这不仅锻炼孩子的创造力，还会丰富孩子的知识。

应该怎样支持和帮助在外不爱说话的孩子实现自我呢？

首先，支持孩子安静观察，不强求孩子加入。跟孩子讨论观察到的内容，补充遗漏的细节。我小女儿当时在观察那些孩子摘树叶翻炒的时候，我在旁边就问她看到了什么，孩子说他们在摘叶子做饭，并且是一直在摘同一种叶子做饭。我引导她问是不是平时大家都吃一种饭，孩子说不是，要有很多种菜才行，我问她有什么好方法，小女儿接着就尝试了花瓣、小草还有其他叶子的混搭创意餐。为了帮助她更好地加入其中，我还跟孩子一起进行了演练讨论，我们把这些花草放在一起炒，完整进行了过程体验。在这个基础上，孩子又加了沙子、土和水，看起来更像一顿超级美味大餐。

其次，重新定义交朋友的内容和意义。帮助我们的孩子成为集体中的合作者才是我们的努力目标，那些跟我们的孩子状态以及认知不太匹配的集体，我们允许孩子退出并选择新的集体加入。孩子的朋友不会是一成不变的，随着他的认知不断扩大，学习的知识越来越多，他一定会换朋友圈，就像现在的我们不断地在更新自己、提高自己，我们周围那些不更新、不提高的朋友，还要继续做朋友吗？当然要换一批跟我们一样积极努力的小伙伴了。

再次，和孩子一起收听放松身心、释放压力的冥想曲，这可以帮助我们进行身心状态的调整，以一个轻松喜悦的状态享受当下的生活，它的目标是让我们的身心压力完全释放，越来越喜悦。

多子女家庭的喜怒哀乐

孩子的技能很强大

我有两个女儿，相差两岁八个月，她们的"战争史"我可以写下三本书。最早的时候是老大欺负老二，她看到妹妹坐着玩就上去推倒她，妹妹有了经验，决定自保，下一次姐姐再走近她，距离还有 1 米的时候，她就大哭起来，姐姐愣住了，什么都没做，就有这样的结果，她不知道该怎么办了。旁边的大人还真以为是姐姐动手了，过去就批评她，姐姐很委屈，哇哇大哭。看到这里你有什么感受？孩子真聪明，他们根本不需要我们的协助，他们有足够的方法解决问题。随着年龄的增长，妹妹的经验越来越丰富，她发现姐姐很容易被激怒，姐姐一旦有情绪，父母就会把注意力放在她身上。为了给自己争取更多的利益，妹妹这样做了：她从幼儿园里带了好吃的给上小学的姐姐，但是会告诉姐姐，这个好吃的她舔过了，姐姐立刻就生气了，愤怒地说讨厌妹妹，让妹妹走开。在旁边观察的我知道老大中了圈套，就把老大叫到身边问，为什么妹妹给你带了好吃的，还要说她舔过了呢？老大愣了一下，随即反应过来说，她根本就不想给我吃，只是想让我生气。我接着问，你这么生气就是为了满足妹妹的心愿吗？老大摇摇头。我说，你可以说没关系，谢谢妹妹，既然舔过了就自己吃吧，我有好吃的，这样做就可以把她的挑衅摆平了。大女儿恍然大悟。之后老二使用了不同的挑衅方式，就想激发老大的情绪，但都被老大淡然处之了，老二的生存技能实在让我佩服。

多子女家庭孩子的角色定位

老大从小就跟父母一起长大，独享父母100%的爱多年，老二的出现，让他很不适应，他不能接受另一个人来分享这份爱，他会用各种方式吸引父母的注意，以此争取父母的爱。老大开始会用表现好的方式，吸引父母的注意力，但是父母给予的肯定很短暂。后来他用不听话的表现来吸引父母的注意力，这次成功了，他被父母轮流批评讲道理，表面看起来很难过的他，其实内心却很满足，因为父母在此刻将所有的注意力都给了他。
老二不一样，他一生下来就知道家里还有另外一个"竞争对手"，他只能得到父母50%的爱，如何能得到父母51%的爱就成了他的努力目标。于是老二就采取了听话策略，他在老大被批评的时候会认真观察，老大犯过的错误他不会再犯，他会积极配合父母所有的指令，他还会在老大犯错误的时候打小报告。于是父母爱的天平开始倾斜了，偏爱家中老二的父母也就越来越多了。

在多子女家庭中，孩子之间的合作方式不是和睦相处，而是通过摩擦来切磋提高自己的能力。孩子之间是通过互动学习的，大孩子是小孩子的榜样，小孩子会通过不断地模仿以及和大孩子发生冲突来提升自己的反应力。比如我家老大出去玩，老二就要跟着，老大嫌她累赘不想带她，老二就会一直跟在她身后。在外面玩的时候，老大一直跟她的朋友在互动，完全不理会老二，老二因为不能参与其中很难过，就会来找我告状。我会跟她说，姐姐正在跟她的朋友合作呢，你想参与就参与，如果参与不了你可以去找自己的朋友。思考片刻，老二还是选择进入姐姐的群体中，因为她在那里可以跟大孩子学到很多她不知道的知识，增长见识、开阔眼界、提高认知。经过一段时间的努力，她终于被接纳了，这段磨合的经历让她很有提高，以至于她现在都是同学当中成熟的孩子，她仍然愿意跟比自己大的孩子沟通交流，她觉得这样的学习才更有意义。

平衡多子女家庭关系需要更多的智慧

多子女家庭的教育引导工作至关重要，有智慧、有谋略的父母可以陪伴孩子更快地成长，帮助他们在与兄弟、姐妹的和谐相处中收获更好的合作，陪伴彼此的人生走得更远。怎样平衡孩子们之间的关系呢？

第一，老大也是孩子，不要过度要求。很多家庭里都认为老大就应该为弟弟、妹妹承担责任。这是非常不合理的，虽然他是老大，但毕竟也只是个孩子，比弟弟、妹妹大不了几岁，让他替弟弟、妹妹承担责任，是不公平的。

第二，不做判官，要做外交官。作为父母的我们在孩子出现冲突的时候，需要更多的观察陪伴，而不是急着去评判谁对、谁错。我们家两个孩子每次打架的时候，我都会主动抱她们，我不会说谁对、谁错，更不会给她们讲道理，调解矛盾。这样做她们反倒很快就能和好，我存在的价值就是在她们之间做和稀泥的外交官。

第三，会哭的孩子不要给奶吃。刚才的案例里面我们就知道老二太精了，他清楚地知道如何得到父母 51% 的爱，他越是显示自己的弱小，我们越不应该去保护他，而是应该激发他，让他为自己解决问题，这样做的结果就会让老大和老二都有独立意识，他们才能真正成为今生的合作伙伴。

第四，观察孩子之间的沟通交流方式，袖手旁观是让他们进步最快的方法。就像我刚才所说，孩子打架别管，两个人在一起商量切磋的时候也千万别给意见。

遇事我家老大都会先出主意，老二会提出自己的反对意见，两个人会因此争论几句，但是最终她们会找到一个共赢的方法，而我只在旁边看着、听着，发觉她们的进步，我很有收获。

第五，孩子之间年龄相差越大越难亲密无间，也越难产生合作，他们之间有的只是疼爱和照顾。我有个朋友的老大16岁了，老二刚出生。这时候让他们形成亲密无间的兄妹甚至姐妹关系是有点难度的，我告诉朋友别去强求老大、老二产生合作，让老大把老二当成自己孩子一样照顾就可以了，教会老二更多的独立，才是好哥哥、好姐姐该做的。

孩子的适应力强弱由我们决定

我们的适应能力影响了孩子

什么是适应力呢？接触新事物和面对改变时的接纳程度及速度就是适应力。比如，当我们遇到计划有变时，我们可能会马上陷入无法适应改变带来的情绪中，这就代表适应力差。如果在遇到重大变化后，我们可以欣然接受，跟随变化而变化并积极应对，就是有很好的适应力。我之前是个很固执的人，当自己的计划发生改变时，会出现焦虑和烦躁的情绪。比如，我带孩子去某个地方参观，去的时候没有做计划，到了目的地发现不营业，当时我就会很恼火，会抱怨展览馆为什么没有公开通知，孩子并不知道前因后果，但却被我的坏情绪影响了。后来有一次，她跟同学约了一起玩，同学临时有事不能去了，她就在家发了很大的脾气，说同学没信用，说了很多难听的话，我意识到跟我有关。

我没有适应力，我的孩子也失去了适应力。我把自己的时间和精力，消耗在不接受改变的内耗战斗里，这是多么不值得啊！任何一个改变对自我价值的提升都是宝贵的资源，崭新的改变很有可能会带来对我们更有利的结果，如果我们总是沉浸在内在的情绪消耗中，是无法抓住机会让自己突破的。我曾经有过这样一次经历：我约了一个客户谈合作协议问题，约了三次没约上，我很沮丧，他给我发信息说最近都很忙，当时我想难道这个合作谈不成了吗？某天，突然间他给我发了信息，给我推荐他的朋友，后来我和他的朋友签了更大的合同，我心里特别高兴，很感激这个客户，感谢他的信任和推荐。你看计划和变化相比，不一定哪个更有利，不是吗？

孩子适应力差的原因是什么

首先，是家长以安全为理由对孩子进行干扰和阻碍太多。比如，孩子小的时候想动插座不被允许，接热水不可以做，孩子的各种探索都被制止了，适应力自然很差。

其次，是我们无限制地过度保护。比如，孩子上幼儿园了，我们会在家里忐忑不安，担心他是否会被欺负，担心他是否能吃饱，担心老师是否能照顾好他。我曾经看到这样一个案例，一位妈妈因为在监控里看到她的孩子被另外一个小朋友推倒了，就发了疯，在家长群里说那个孩子的家长没素质，不会教育孩子，又说老师不负责任，对孩子的照管不到位。监控显示当时她的孩子被推倒后，马上坐了起来并没有什么反应，妈妈却产生了如此强烈的情绪，妈妈的过度保护会给孩子带来什么结果呢？除了没有朋友，就是适应力变差。

再次，就是我们对孩子的担心。那些担心越多的父母，孩子的适应力就越差。因为我们的担心越多，孩子就越不敢做，他们对计划发生变化就更难接受，适应力怎么会好呢？孩子天生的适应力是非常强的，他们什么都想尝试，完全敞开地接纳，不设限地去体验，在试错以后会有锲而不舍地改进的精神，总以乐观、积极地方式看待一切。还记得孩子小的时候摔倒了爬起来继续走，做错了仍然会继续再重复，他们完全沉浸在当下正在做的事情里，那时的他们注意力很好。后来，在我们的压抑和限制下，孩子越来越胆小，做事畏首畏尾，悲观消极地看待一切，哪里还会有适应力呢？

提高孩子的适应力，从家长自己做起

既然知道了孩子的适应力与我们有莫大的关系，那么家长们就应该从调整自我做起，给孩子做好示范和榜样，并且通过多渠道帮助孩子提升适应能力。

首先，放下担心，正向、积极地引导孩子多角度看待问题。比如，我女儿在学校被批评了，这时候我不是担心孩子是否还会受老师的重视，而是引导孩子从不同的角度找到这次批评带给她的益处。

其次，给孩子更多的知识，增长孩子的见识，而且我们也要一直保持学习力，时时把我们学习到的知识分享给孩子。我每天都会学习两个小时，我会把很多知识点及时分享给孩子。在孩子遇到问题时，我也会找出这些知识引导孩子去解决问题。因此，孩子知道知识是有用的，那么她们对知识的学习也会一直坚持下去。

再次，与其保护，不如教会并鼓励孩子试错，及时给予孩子肯定。就像我家孩子小的时候想动电插座，我会先拿牙签刺痛她的手指，告诉她如果把手指伸进插座里就是这样的感觉，此后孩子就不再想把手指伸进插座里了。然后就是教她如何插拔插头，学会后孩子持续练习了很长时间，直到可以完全熟练操作，就不再动电插座了。在孩子整个训练过程里，我拉下我们家的电闸，陪伴她完成练习，并肯定她认真、仔细、有耐心的表现。

3岁前黏妈妈的孩子不会早恋

黏妈妈的孩子

我分享一下我女儿当年黏我的故事。那时候出门她是不走路的，必须让我抱着，不允许放下，累了也必须抱着她休息。只要我在家，就只要我一个人陪着她，如果我在做饭，她突然要求我抱，我就要停下手里所有的活，必须抱她到尽兴为止。最极致的是不让我上班，我每天都要偷着溜走，她发现后就会大哭。我的这些经历，大家是否似曾相识？现在我的孩子已经14岁了，我开始收获那个被黏时期的成果了。她一直跟我说特别想谈恋爱，约了几个男生谈了半天的"恋爱"，就跟对方说不合适，最长的一段关系持续了不到一周就无疾而终了。她跟我说觉得那些男生跟自己都不太匹配，自己的很多想法他们是不能理解的，一个人挺好的，她没有像其他孩子那样真的早恋。

为什么黏妈妈的孩子不会早恋

孩子小时候黏妈妈和早恋真的有关联吗？接下来我就解析一下，为什么孩子通过黏妈妈就不会早恋了。

孩子在3岁以前会经历一个情感的敏感期，在这个时间里，孩子通过黏妈妈得到妈妈无条件的爱，从而可以获得一生需要的安全感。就像我女儿小时候一样，不管她怎么黏我，我都会有耐心地陪着她，时时刻刻都会以她的需要为先。比如，我炒菜的时候，孩子要求抱，我会先让她站在板凳上，搂着她，握着她的手和我一起炒菜，如果她坚持不让我继续炒菜，我会先停火抱住她，直到她被满足离开为止。那段时间我被很多人误解为溺爱孩子，但是我知道孩子的心理需要，我愿意用无条件的爱让她获得终生的安全感。

给孩子大大方方的爱，让孩子黏上妈妈

既然黏妈妈对孩子大有好处，那我们应该怎样做来满足孩子的需要呢？

第一，随时随地无条件满足孩子抱的需要。就像我之前讲的一样，即便在做饭，我也会关上火抱着孩子，直到她被满足为止。

第二，真诚地跟孩子告别。上班时，千万不要偷偷溜走，要真诚地跟孩子告别，告诉她下班后会第一时间回来陪伴她，上班时会想念她的。说完这些就大大方方地出门，孩子在得到我们的支持之后，会很信任我们，并获得安全感。

第三，孩子哭闹要妈妈的时候要给予无声的陪伴，而不是无情的拒绝。当我们很忙有重要的事情需要处理，不能满足孩子的时候，请允许孩子哭闹，并告诉他可以哭一会儿，承诺回来后一定好好地满足他，认真地拥抱他。

孩子的生命需要力量，而我们就是给予他生命力量的源头。

单亲家庭的孩子可以更优秀

孩子为何排斥异性

我有一个 14 岁的来访者，是一个讨厌异性的女孩。她上幼儿园的时候就不愿意跟男孩说话，也不跟男孩玩，读小学更是不理他的男同桌。上了初中，因为同桌换成了同性，她才开朗了许多。现在她对所有的异性都有排

斥感，这让妈妈有些焦虑。据孩子妈妈说，这种情况发生在她和爸爸离婚的时候。我跟这个女孩有过一次深入沟通，我问她跟男孩子在一起时有什么感受，孩子说厌恶，我问她这种厌恶感和曾经经历的什么人、事有类似的感受，她告诉我总会有一个影子出现在她的头脑中，尤其是她在跟异性接触的时候，而这个影子就是爸爸。妈妈一直说爸爸的各种不是，自己也感觉爸爸挺窝囊，从心里讨厌他。之后跟妈妈做了如下沟通：孩子和父母之间的关系永远不可改变，尽管夫妻之间的感情没有了，不再适合生活在一起，但是孩子跟父母之间的血缘关系是永远不会改变的，与其不断地去否定对方，不如承认对方的存在，让孩子感受到完整家庭的存在。

单亲家庭对孩子的影响

单亲家庭的孩子内心会有创伤吗？如果父母一方一直在怨恨对方，并且禁止对方探视孩子，还经常当着孩子的面抱怨对方的各种不好，这样的做法会给孩子造成创伤。但是如果两个人即便离婚了，还是承认这个家庭的存在，愿意继续履行做爸爸、妈妈的责任，孩子会感受到完整家庭的爱，那么这个孩子的身心都会健康。我曾经有个邻居，是离异家庭，妈妈一直没有再嫁，孩子很懂事，是个女孩，并且一直积极乐观。妈妈每次说起爸爸，都是夸对方是个好男人，可惜和自己不合适。每当妈妈夸爸爸的时候，女孩都在旁边微笑。

如何让单亲家庭的孩子没有创伤呢？首先就是承认另一半和孩子还存在直系亲属的关系，允许孩子自由地联系对方，并且接受对方的探视，平和地告诉孩子对方的优点，之所以分开完全是因为两个人不适合，就像我邻居那样做。

我有个来访者也是一位单亲妈妈，因为丈夫实在是郁郁不得志，并且还出轨，最后导致了两个人的分离。妈妈一开始很怨恨爸爸，孩子很敏感，还有攻击性，她没有朋友，跟所有同学都保持距离，她对同学的言行很敏感，一句玩笑话都会引发她的攻击，对来自异性同学的评价尤其在意。追根溯源，发现这一切来自妈妈对爸爸的怨恨。我帮助妈妈对自己的言行进行了修正，和孩子诉说和爸爸曾经的过往，说当时的爸爸是如何优秀，妈妈选择爸爸感觉很幸福，但是在两个人共同生活的过程中越来越不合适，只能分开，但是爸爸永远是她的爸爸。然后妈妈打电话给爸爸，让爸爸在周末时间跟孩子见面，带着孩子出去玩。从孩子和爸爸重建关系那一刻开始，孩子的攻击性减少了，两三个月后不再攻击同学，也可以跟男同学说话了。

单亲家庭对孩子的未来有什么影响呢？首先，我们要意识到单亲家庭孩子的优势，因为得不到父母完整的照顾，这样的孩子特别独立，变动的亲情关系，可以练就孩子更加接纳的优秀品质，他们对外界会有很高的接纳程度，他们深受他人的喜爱；其次，就是在现代社会，婚姻是自由的，与其让孩子在"战斗"的家庭环境中生存，不如保留完整家庭感受给孩子，各自开启新生活，这样做会有利于孩子未来的成长。

我有一个来访者非常痛苦，她想离婚，但是为了孩子不得不坚持。我问面对她跟老公的长期冷战，孩子会快乐吗？她说孩子不快乐，身体也特别差，经常生病。我告诉她，孩子已经感受到父母之间的距离感了，他想通过生病拉近父母的距离，孩子宁可牺牲自己也要保全家庭。但是只要愿意承认孩子与父亲的关系，给予孩子一个精神上完整的家庭，是否和老公继续生活，是可以重新做出选择的。这位来访者经过深思熟虑，一个月后办完了离婚手续，孩子跟着她。她在离婚那天带着孩子一起去的民政局，她对孩子说爸爸是个好人，有很多优点，是妈妈当年最对的选择，现在爸爸、妈妈不再适合，要分开了，虽然他会跟着妈妈生活，但爸爸永远是他的爸爸，可以随时联系随时见面。她询问孩子这样的安排是否可以，孩子欣然点头说，爸爸、妈妈我永远爱你们。听到这句话，来访者潸然泪下，她说自己从来没有想过一个孩子的世界如此宽广。

如何让单亲家庭的孩子健康成长

对于单亲家庭的父母，我提供以下两点建议：

第一，不爱了不代表过去都是坏的和错的。只要我们肯放下怨恨，放弃过去，放过自己，就能给自己和孩子幸福的未来。我有一个来访者，她对过去一直耿耿于怀，觉得自己遇到了一个坏的男人和一段错误的婚姻，她对过去一直是怨恨的，这一切都在伤害着她的身心，她没有办法开始新生活，孩子也嫌弃她。我们在经过了一段时间的疗愈之后，她终于肯放下过去，放过自己了，她的新生活很快就来到她身边，她遇到了一个真正疼爱她的男人，而且她的孩子也越来越自信，越来越愿意跟她沟通了。

第二，要珍惜这段特殊的经历，吸取经验，乐观地生活，这是给孩子最好的示范，也是帮助孩子勇敢走入自己未来亲密关系的开始。只要我们肯跟自己的孩子、跟自己分开的配偶保持完整，未来一定是美好的。

追随爸爸的孩子更有远见

孩子需要父亲的陪伴

我朋友的孩子6岁，是个快乐的小勇士，某次聚会他跟爸爸关于一场足球赛的讨论吸引了我们的注意力。他说："这场球××队输了，他们在客场不占优势，无法打出自己的阵势，下次到主场时，一定能给那支队伍送去迎头一击。"我听完之后好奇地问他为什么这么认为，小男孩说，爸爸说过在自己主场上比赛的人信心都比在客场坚定。爸爸在一旁欣慰地笑着。跟随爸爸的孩子和跟随妈妈的孩子确实不一样，对吗？

男孩和女孩跟随父亲互动的感受是不同的，男孩跟父亲在一起时，想要获得的是力量和技能。比如，刚才那个小男孩，他跟爸爸一起踢球、一起跑步、一起去看比赛，在家里跟爸爸沟通的都是男人的话题，他觉得跟爸爸在一起很有力量。女孩跟爸爸在一起想要获得的则是亲昵和异性的体贴。比如，我们家两个女儿跟爸爸在一起会撒娇，说话更温柔。老二在某次参加击剑训练时脚后跟受伤了，她带着哭腔跟爸爸说脚后跟如何疼，老公心疼得受不了了，当天晚上拿出红花油，给孩子一顿搓揉，早上孩子出门时特别叮嘱要慢慢走，第二天还买了一双功能性的运动鞋给孩子保护脚。

孩子从什么时间开始迷恋父亲呢？如果孩子从小受到母亲照顾比较多，那么孩子在 3 岁以后就开始追随父亲了，但如果孩子从小很少得到母亲的照顾，一直跟随着父亲，属于母亲的那份细腻体验就会缺失。无论男孩还是女孩，3 岁以前都会更多地跟母亲在一起，3 岁以后，孩子开始跟随父亲，因为父亲看待问题的方式跟母亲不一样，给孩子的感受更有高度和见识。我和老公都有自己的事业，也有学识，但是我和我老公之间的认知是不一样的。比如，我给孩子讲一本关于四季的故事书，我会仔细地介绍四季里面细腻的描写，还会加上声音和动作，而老公在给孩子讲这本书的时候，会告诉她每个季节里的动物、植物会有什么不同表现，让孩子发挥想象力，脱离书本去感受大自然的魅力。

为什么家庭教育中父亲会缺席

现在我们社会中有很多家庭，父亲是缺席的，造成父亲缺席的原因是什么呢？一个重要的原因是来自母亲的不信任，母亲的高标准、严要求让父亲带孩子倍感压力。不仅如此，母亲对父亲带孩子时的各种担心、挑剔、指责都会让父亲不愿意再尽职尽责。我有一个来访者，她自己一个人带两个孩子很辛苦，但老公回家就看手机，从不主动帮忙，为此两个人发生了很多冲突，不仅没有解决问题，两个人几乎到了过不下去的地步。在问到她老公照顾孩子的场景描述时，她说，老公从小是被他妈惯大的，什么家务都不会做。照顾孩子时，他让孩子跟他一起玩手机，让人更生气的是，吃饭为了图省事，他直接点了炸鸡外卖，这些都是平时不让孩子吃的，全都让他给破了戒，孩子吃上了瘾，每回跟他爸在一起都要求吃这些垃圾食品。因为老公的没有原则，孩子现在可喜欢他了，我出面阻止，还会遭到孩子的嫌弃，直接让我走，你说我这个当妈的付出了那么多，结果却变成了最不受欢迎的人，多冤啊！

这一幕大家熟悉吗？真的是因为父亲不好吗？不同的人带孩子的方式一定不同，既然是让父亲照看孩子，就应该尊重父亲使用自己的方法跟孩子互动，即便在照顾和吃饭上有欠缺，也不能直接否定父亲付出的努力。这位母亲还有一个问题，她很辛苦，但并不直接求助，而是期待老公的自觉表现。老公可不是她肚子里的蛔虫，哪会知道这些，在被指责照顾孩子不尽责之后，真不知道如何提供协助了，与其做错发生矛盾，不如什么都不做，还可以少点争吵。所以，这位母亲最该做的就是平和、直接地告诉父亲自己的需要！

我给这位母亲传授了一些沟通的小技巧，比如，直接告诉老公周六上午我跟朋友要聚会，请你帮我照看半天孩子，你照顾孩子我很放心，忙不过来就叫外卖，你怎么带孩子我都没意见。我让她把老公照顾孩子的照片和小视频发到朋友圈，加上一句话"父子之乐"，然后在评论区夸奖老公看孩子时多会带孩子玩。来访者当周就用了这些方法，结果没出俩月，老公就爱上了带孩子这件事，而且越带越有心得。以前来访者每次带孩子出门都要背个大包，里面装满孩子的用品，老公认为完全没必要，带着钱包缺什么买就行了。老公第一次带孩子出门真的什么没带，结果到了目的地，想买的都买不到，他终于知道来访者背背包的重要性了。一回家就仔细跟来访者请教各种物品的准备。哪有不负责任的父亲啊，全天下的父亲都爱自己的孩子。

让父亲主动陪伴孩子的好方法

那么问题来了，既然父亲可以承担照顾孩子的责任，为什么母亲不想让父亲照顾呢？只是父亲带孩子的标准达不到母亲的要求吗？不止如此，母亲在孩子身上花费了很多心思，投入了大量时间、精力，孩子就是母亲价值和成就的体现。当孩子离开自己去亲近他人时，会让母亲倍感失落，发自内心的委屈让母亲舍不得放手。所以当孩子大了，越来越喜欢追随父亲的时候，母亲感觉不能接受是很正常的。

接下来给各位母亲一些改进方案：

第一，孩子是两个人的，需要夫妻共同承担责任，任何一方都不能剥夺另一方承担责任的权利。即便另外一方在照顾孩子的细节上不如人意，我们仍然要给予百分之百的信任，这一点万分重要！

第二，不在孩子面前责怪父亲照顾孩子的方式、方法，每一周都给自己放半天到一天的假，把孩子放心地交给父亲，让自己全身心投入到放松的休息中。

第十四章

恢复爱自己的出厂设置

原生家庭给我们的爱和伤害

父母在青海支边，我从小跟奶奶长大。有一段时间我很不快乐，因为同学都是跟父母长大的，而我不是。我在班里是不受同学的欢迎，我跟他们格格不入，很孤独，感受不到家庭的温暖，我痛恨自己的成长环境。我认为被父母抛弃了，原生家庭带给我的只有痛苦和卑微。

我在16岁时回到父母身边，我拒绝跟他们沟通，从内心讨厌这个家庭，我一直认为原生家庭只想控制我，但并不爱我，我的反抗越来越强烈，一直受伤的我曾经试图缓和与父母的关系。我在某年暑假将打工赚到的钱全部主动交给了母亲，想让她高兴，想缓和我们僵持的关系。母亲收到钱确实很高兴，还承诺给我买想要的东西。到了春节，我期待母亲能给我买一件我特别喜欢的衣服，可是母亲却到旧货市场买了一件呢子大衣给我，说是目前最新款的。我当时很委屈、愤怒，我付出了那么多努力，想要和解，可是她却用这样的方式来伤害我，我不能原谅她。

从此，为了证明自己的强大，我刻苦学习，努力工作，为了有朝一日可以摆脱家庭的束缚，让我父母后悔对我的薄待。我勤勉，我强势，我想证明我是对的。这样的日子一直到大女儿出生，我开始感觉不对了。我发自内心地喜欢孩子，但面对女儿时总有一种陌生感。随着她越来越懂事，给我找的麻烦越来越多，我终于失控了，我开始不断地挑剔她、纠正她、责怪她，就像妈妈曾经对我做的一样。"你穿这件衣服就行了，谁让你挑衣服穿的？时间已经来不及了，你在磨蹭什么？"……我的各种吼叫满天飞，我激发了大女儿的反抗。她的每一次对抗都会带给我一种熟悉的感觉。此时我并没有完全觉悟，我想通过强行控制女儿制止她对我的反抗。我不让她做她想做的一切，我要求她听我的。我不仅想控制女儿，还想控制一切，为了让自己有更强大的控制力，我每时每刻都在表现出我的"能干"。我在家会替所有人拿主意，在外也会替员工拿主意。我既不能接受他们对我的违抗，也不能接受他们无所事事的样子。在替别人背了一堆猴子之后，有一天我真的累得不想动了，我不明白为什么要把自己搞得那么累。心里有一个声音响起：你只是想让他们依赖你、屈服于你、佩服你、听你的，你想控制一切。我意识到我正在把曾经受到伤害的情绪带进我的家庭。偶然一次看到大女儿教训小女儿的场景，我彻底醒悟了。大女儿指着小女儿说："我告诉你，你再不听话，看我怎么揍你！"这是我曾经对大女儿说过的话，她原封不动地传递给了小女儿。我伤害了我的孩子，而我的孩子又在伤害她的妹妹。

当时想我之所以会这样，一定是原生家庭给我造成的伤害太深，我下定决心要摆脱原生家庭的束缚，于是我走上了学习之路。在跟随十几位国际大师学习之后，我渐渐改变了，我用他们给我的方法不断修正自己的身心，重新塑造我的人生意义。这时候，我越来越清晰地发现一件事：我对原生家庭误读了，我的父母对我承担的唯一责任就是把我带到这个世界上。之后他们的任何言行举止，都是为了训练我摆脱情绪，让我找到真实的自己。他们对我所做的一切越强烈，其实就是在提醒我重新为自己做出选择，不再陷入情绪无法自拔。我对父母所作所为的愤怒和怨恨，都源于我有限的认知。我并不了解自己整个生命的完整蓝图，我像是躲在水井中的青蛙，用狭隘的眼光在评判着父母对我整个生命的意义。

有一天我觉醒了，突然间发现原生家庭只是我生命活力的开启之处。我的父母除了给予我生命，还给了我不断改变的动力。如果他们的言行我不能接受，就是到了我解除内心深处的认知局限的时候。我下定决心要重新改变我的意识编程，重新定义我的原生家庭。我终于选择和父母和解了，我通过各种手段，比如催眠、脑波训练、穴位敲击以及情绪平衡法等，还请了专门的老师来帮助我，就是为了清除我内心深处对父母的误解，重建与父母的爱，我要开始崭新的生活。

我原谅了我的父母，在我发自内心对母亲说出"爱"的一刻我哭了，我知道我完成了重生，重生让我跳出了那方水井天地，走进了大千世界，我获得了真正的自由。从那之后我母亲也获得了重生，她曾经患有非常严重的牛皮癣，心脏不好，胆囊还有息肉。在我们的关系和解之后，母亲身上的牛皮癣奇迹般地消失了，60多年都不能穿短袖衣服的她，居然可以穿着泳装去海里游泳了。她越来越开朗，经常跟伙伴们一起去运动、打牌、旅行。她的生活多姿多彩，她的生命完全自由了，同时母亲心脏的问题也解决了，胆囊息肉也不见了。我感激生命的奇迹，原来我和我母亲之间的联接如此深厚。我和母亲关系和解之后，另外一个奇迹也发生了，我对两个孩子的陌生感消失了。我不再刻意纠正她们，我欣赏着她们为自己做的一切。当孩子们犯错的时候，我会给她们一只手扶起她们；当她们在生命中遇到困难的时候，我会拥抱她们；当她们想要有更大勇气冲向前方的时候，我会走在前面带领她们。我感觉自己很有力量。孩子们也改变了，她们可以自由表达，总是知道自己内心真实的想法，她们只为自己真正想要的而努力。

我感恩我的原生家庭，感恩我的孩子们，在这儿我只想说，我爱我的父母，爱我的孩子们！

我们要做到足够好才会被爱吗

上一篇我们提到了原生家庭对我们的意义，这一篇要在转化我们对原生家庭认知局限之后，做最应做的第二件事，就是要学会爱自己。从忽略自己成长到爱自己的过程，我们会有如下经历。首先我们会对自己评判，比如，我曾经对自己就有很强烈的评判。我认为自己很懦弱、胆小怕事、笨、无能，做什么事情都做不好，每逢遇到重大考验时，我都会选择逃避，我太害怕失败。

在初中阶段我有一次转学经历，屡受打击之后我彻底失去了自己，我给自己增加了一个新的评价——自卑。有了如此多的评判，我越来越看不起自己，我感觉谁都不理解我，虽然有朋友，但他们听不懂我内心的声音。我感觉空虚，我就处处证明自己的强大和能干，我事事身先士卒，但就是感觉不到自己的力量。

那时我用全部力量向外界证明我存在的意义，我想让所有人说我好，这样我才有价值感。为了更多地证明自己，我做了很多"有趣"的事，如别人遇到困难想要退缩时，我就会顶上说"我来"，我表现得特别勇敢，周围的人都夸我强大，事后我发现，当时那一刻所有的勇气来源于我想证明自己，我想得到周围的好评，而不是真的想把这件事做好。

一度我认为只有财富能证明我的强大，我白天黑夜拼了命地赚钱。那时我在从事货运物流工作，我什么工作都做，从不诉苦，也不跟领导谈条件，当公司的两位股东要分开各立家门时，其中一位找到了我，他看中我努力的工作态度，邀请我与他合伙成为股东，我毫不犹豫地答应了，经过我们一年半的努力，我成功完成了第一桶金的积累。从那以后我觉得自己可牛了，看谁都不顺眼，尤其是在有孩子以后，那种嚣张跋扈的状态很让人受不了。我老公说我就是皇太后，不允许别人有非议，对于他的劝诫我不屑一顾，我们之间的冲突不断。表面强悍的我，只有自己知道内心的胆怯，强大都是假装的，只为了不被别人挑剔、评判。内耗式的生存方式让我身心疲惫，不仅健康状态每况愈下，家庭矛盾不断升级，事业也遇到了巨大挑战，腹背受敌下，我决定改变。经过训练我成了一名生命教练，专门负责帮助大家快速平复情绪、重建崭新的情绪模式，这项工作彻底改变了我，一个平和、坚定、不易陷入情绪，只会利用情绪资源为自己服务的我诞生了。

接访的一千多名来访者中，很多人都有我曾经的影子。这让我想起曾经的自己，我表面强大，但只是为了证明我有价值。我内心深处从来不认为自己真的强大，那时的空虚感受就是害怕。在帮助一个来访者的过程中，最重要的开始就是帮助她看到对自己的忽略模式。我让她写下自己的十个优点，她做不到，这时她发现，除了评判自己，对自己的关注几乎为零。当她说自己真的很差劲时，心里有一种痛快的感觉。但在肯定、赞扬自己时，愧疚感会油然而生，当他人对自己赞美时，这种感觉会更强烈。听到来访者的这些描述，我产生了强烈的共鸣。我提到了曾经的我，那时我很想让所有人的言行都符合我的标准，因为只有让他们做到和我的标准一致时，我才感觉到我是有掌控权的，我是安全的。来访者相当认同，她也是这样的，这也是她敏感的原因。

在我们之外的环境叫外境，是我们心境的外在投射。当我们的心境消沉、灰暗时，就会吸引一切与此匹配的资源来到我们身边，形成相应的外境显化，这不就是吸引力法则吗？所以真正让自己获得重生的第一步是从关注自己的优势开始。来访者接受了自我提升训练，方法就是面对自己已经做到和还没有做到的，不是先挑剔没做到的，让自己产生愧疚情绪，而是要先肯定自己已经做到的！比如，今天的目标是完成 10 项工作，最后完成了 6 项，还有 4 项没有完成，此时我们最该做的是认真回顾已经完成的工作带给自己的成就感，在激动之余，安排剩余工作的完成时间。

在面对收获和失去时只关注收获，忽略失去。比如，我女儿期中考试排名第八，以前的我会先抱怨，上次还考第五呢？这次怎么第八了，出什么问题了？我无法掩饰自己内心的失落，我的质问只是为了发泄我体验失去时的情绪，全然不顾孩子为此付出的努力，毕竟她已经超过 40 名同学了。现在的我，会更多地肯定孩子已经收获的成果，我会先恭喜她超过了班上 40 位同学，努力很有成效；然后我会对孩子现在的成绩已经超过我当时的水平表示钦佩。孩子在看到自己的收获之后，也会信心百倍、更有干劲地完成下面的学习。

经过近半年的努力，我的来访者终于改变了，她学会了爱自己，同时她也感到了整个世界给她的爱。她不再是一个敏感的"战士"，她宽容而又接纳，她随时随地都能看到孩子的优秀、老公的体贴、同事的温暖，她感激所有的存在，她的生活进入了阳光明媚的状态。

认清我们的情绪模式

情绪是让我们获得快乐的最大障碍，它总是会让我们陷入痛苦之中，情绪是有固化模式的，一直以不变的形式在我们的生命中循环着。情绪的模式是这样的，感官会带给我们真实的感受，感受会激发某一种情绪，我们丰富的联想会让情绪不断升级，于是我们陷入情绪中不能自拔。

我有一位来访者患有抑郁症，她一直沉浸在痛苦中，她感觉生活没有意义，很想离开这个世界，但是又没有勇气去伤害爱她的家人，毕竟父母、孩子、爱人都在身后支持着她。在和她的沟通中，我发现前面提到的固化情绪模式在控制她。来访者对周围一切信息都特别敏感，她会看、会听、会觉察所有不利于她的一切信息，比如，过马路的时候，因为有人走得太快碰了她，她的感官带来的感受是这个人是故意的，这个感受触发了她不被尊重的愤怒情绪，她会在心中反复问："为什么我不认识你，你却要来找我麻烦？我就这么招人烦吗？连个陌生人都要欺负我。"这些提问触发了她的更多联想，很多前尘往事被带了出来，她更深地陷入情绪中了。类似的事情在她的生活中比比皆是，比如她一进家门，母亲看到她很平和地问："吃饭了吗？"在她听来感觉一点温度都没有，她不安的感受立刻出现了，母亲讨厌我，随即不被爱的悲伤情绪出来了，接下来她会想："我可是您的亲生女儿，您现在都这么厌恶我，我还怎么过啊？"持续的想象升级拉出了小时候的记忆，想到母亲曾经对自己的掌控、挑剔、批评，再想到母亲刚刚的表现，翻江倒海的痛苦让她躲进房间，在痛苦中度过一个无眠之夜。

我帮助她走出抑郁的过程，也是帮助她看到自己的模式、拯救自己的过程。我先让她知道情绪是一种能量，并非只有害没有利，有情绪的时候，也是我们特别勇敢的时候，就像陷入情绪深处的人可以选择自杀一样，都可以勇敢地投奔死亡了，同样我们也可以利用情绪产生足够的勇气冲向幸福。我告诉她情绪模式可以做如下改变：再次回到之前的场景中，当过马路时，一位陌生人碰了你，在触发情绪之前，要觉察自己认为别人是故意的感受，并做出改变，你可以想这个陌生人真热情，看起来挺喜欢我，要不然她怎么会触碰我呢，面对这样一个热心人，我应该怎么做呢？给对方一个微笑，接着你会收到对方回报的微笑，瞬时那个被激发的情绪就转化成了另外一种幸福的力量。再切换到回家的那个场景，一进门，母亲问吃饭了没有，及时觉察自己认为母亲讨厌自己的感觉，马上停止这种感受，然后转化它：我母亲这么关心我，一进门就询问我，我应该怎么回应呢？告诉她我吃过了，不要担心。当感受被转化之后，丰富的联想力也会立刻带领我们，有充足的勇气奔向幸福的彼岸。

接下来说说利用自己的情绪来成就幸福的好方法。

首先，停止负向感受，并且给自己一个正向积极的感受。如果自己的情绪仍然处于爆发状态，无论怎么重新改变感受，情绪仍然在干扰我们的时候，就该做如下事情了：先接纳情绪的存在，因为当我们接纳情绪时，它才能真正成为我们的内在驱动力。然后要找到自己真正想要的是什么，很多人是不知道自己想要什么的，有一个简单的方法可以帮我们找到想要的，就是先找到自己不想要的是什么。如果我们不想要的是冲突、争吵的生活，与此相反，我们真正想要的就是和谐幸福的生活。但如果当下正在经历的感受是与不想要的体验匹配的，我们就需要换一个角度改变感受，比如，我们想要的是和谐幸福的生活，但当下我们跟爱人之间的冲突不断，我们的感受是对方不爱我了，此时我们就需要换个角度重新看待这个感受：如果对方真的不爱我了，为什么还会留在家里跟我吵架呢？他完全有自由离开这个家，他还有自由在外面选择其他的爱人，他没有这么做，这说明什么呢？说明他只是想通过沟通解决我们的问题，问题之所以没有解决，是因为我们的情绪都失控了，我面临的问题是情绪失控，而不是他不爱我了。经过这样的转化，问题解决变得更容易。为了我们想要的幸福生活，努力调整自己的情绪不就解决了吗？

其次，还有一点与大家分享，我发现在学会享受情绪以后，生命的品质更高了。情绪是我们生活的调味剂，有好有坏才会带给我们巅峰和低谷的感受。过山车般的体验，会让我们真实地感受到自己生命活力的存在，活着真的很好。

负向的感受产生情绪，正向的感受带来幸福

经过了原生家庭的一课，也经过了爱自己的训练，同时又解除了固化的情绪模式，我们走到了这一步，重建我们的正向感受体系。

我有个来访者是一个负能量特别强的人，没有一个人愿意跟他在一起，他也感觉所有人都在排斥他、远离他，就是不知道自己到底错在哪里。我问他为什么会沉浸在负向能量里无法自拔，他说每当遇到困难挑战时，不自觉地就会对不良后果做出各种预设，虽然知道这些想法会影响行动，但就是控制不住。这种感觉是不是很多人都特别熟悉？在我们从小到大的成长环境里，一直有人在警告我们，时刻要做好预防，给自己留好后路，以绝后患，但是从来没有人告诉我们怎么勇敢地克服困难。就像这个来访者一样，万事不想好的方面，成了他的思维习惯。

怎样做才能让我们摆脱负向思维呢？那就要认真说说安全感了，在马斯洛的五大需求模型中，除了生理需求，最重要的就是安全需求。为了保证自己的安全，如何能快速进入防御状态，成了很多人一生努力的目标。好多人积极学习知识和技能，就是为了保护自己不受到伤害。举个例子，我女儿班

里有个同学，她妈妈送她去学跆拳道，说学好了可以防身。当时我就想，为什么要给孩子这样的暗示，让孩子感觉自己时刻置身于危险之中好吗？无独有偶，我的一个朋友40多岁开始学英语，他说英语挺重要的，很多人都在学，而且不管是国内、国外，有好的语言能力不吃亏，因此他要学习。其实，在他的工作中根本用不上英语，他就是觉得这个技能让他感觉安全，万一之后要调岗位或者换工作能用上呢。当我们随时随地将自己置身在防御系统中时，哪里还有足够的注意力做出正向、积极的选择呢？

为什么我们那么需要安全感呢？我们的大脑中有个区域叫爬行脑，它的主要功能就是保证身体的安全，当我们恐惧、害怕时，爬行脑就被激活了，自动做出战斗、逃跑或静止的反应，爬行脑控制着身体的肌肉、平衡、呼吸、心跳等自动机能，这是祖先在我们的记忆里留下的蛮荒时代生存的印记。这看似一个保护我们的最佳方式，但到了现代社会就不适用了，在很多情况下还阻碍了我们的进步。举个例子，孩子去参加比赛，赛前她感觉很紧张，原因是害怕失败，怕自己输了同学赢了没面子。越紧张越担心，越担心越不想参加比赛，爬行脑的逃跑机制开始发挥作用了。

通过我孩子的案例发现，只要不受到爬行脑的控制而陷入防御机制中，我们是可以收获丰硕成果的。怎样才能摆脱防御模式呢？还是以我孩子参加比赛为例，她害怕失败，并因此产生了紧张的情绪，一想到同学会赢自己会输的场景，紧张害怕更加严重。在现场的我是这样做的，我问孩子："为什么要参加比赛？是想让自己学到更强的技能，让自己得到锻炼，以更快的速度进步，还是为了跟同学比赛赢面子？"孩子瞬间就明白了。事后我和孩子就比赛紧张问题做了总结，其实害怕的对象并不存在，那只是我们陷入自己感受中产生的情绪，事实是即便真的失败了，我们还能从中汲取经验，帮助成功来得更快。有了这样的心理塑造，孩子就把害怕改成了勇敢面对的模式。之后她再参加比赛时还会紧张，但内心的感受改变为勇敢地参与、积极地体验，以学到更多别人成功的经验为核心目标。

为了安全，我们会发展出各种限制的模式，我们认为有限制就有控制，有控制就会感觉安全。但是事实是，我们越限制，自己可使用的空间就越小，自由就越少，越不能为自己做出自由选择的人就会越容易恐惧害怕。在这样的循环往复中，我们会燃尽自己的生命力。为了得到我们真正想要的安全，我们应该先删除那些用于保护我们的限制，当我们可以自由地为自己的需要进行创造时，我们对自己的人生就有自主编程的权利，安全感就会常伴我们身边了。比如，我曾经有个限制，晚上只要喝茶就不能入睡，开始睡前喝一杯茶不能入睡，后来睡前喝一口茶也不能入睡了，再后来中午以后喝茶，晚上也会入睡困难。我给自己设置这个限制，本来是为了保证我能顺利入睡的，但结果却影响了我的日常生活。我决定拆除这个限制，我不断重复告诉自己我什么时间喝什么饮品都可以顺利入睡，经过多次正向暗示之后，我的限制被彻底解除了，我现在无论在什么时间喝什么饮品都可以顺利入睡了。

我们的生命有着伟大的意义。只要我们不断地更新迭代自己的认知体系，不断地删除一切在生命的历程中阻碍前进的限制，我们就会成为真正的勇士，我们越正向积极地去创造，与此匹配的资源就越会源源不断地来到我们的身边。

这个世界赋予人类的共同能力就是贡献，我们贡献得越多，就越能感受到自己的丰盛与富足。我们将不再依赖世界，我们正在与世界合作，成就真实的自己。

下定决心成为自己的主人

曾经有个来访者，她是个处处为他人操心的人，她不断地提醒身边的每个人，要注意这个、保管好那个，看起来特别体贴，对他人照顾有加，但是没有一个人不讨厌她。这个来访者的经历是不是和很多人相像呢？既然不讨好，来访者为什么还要这么做呢？因为她想要通过照顾别人、帮助别人成为他们嘴里的"好人"，得到好评会让她感到自己是有价值的，周围一切关系是可控的，她在人群中是有话语权的，当然她感觉自己是安全的。

为什么要被别人评价是好的，才认为自己有价值呢？我们应该成为自己的主人才是最佳的选择。如果还没有做主人的感觉，我们就来找一下原因吧！我们每个人心里都有很多的"万一"，万一我这样做他们说不好怎么办？万一我这么说带来的后果不好怎么办？所有的万一都是基于恐惧害怕进行的假设。我们很害怕做出选择之后，得到的结果还不如我们现在的样子。虽然大家对当下都不太满意，甚至有的人还充满了厌恶，但是毕竟时间长了已经适应了，从这样一个"舒适区"里走出来，还是需要很大勇气的。我们是否想过，当下这么苦的日子，我们都有勇气一直坚持过下去，拿出十分之一的勇气选择继续前行，我们很快就能过上更好的生活了。

第一次听到这些内容的来访者很受触动，她从来没意识到沉浸在痛苦里也是"舒适区"，一直觉得自己过得不好，没想到自己那么能坚持。我告诉来访者，走不出舒适区，一方面可能是不敢要，另一方面也可能不愿意放弃当下的朋友圈。这里的朋友圈特指我们身边的亲朋好友，当我们做出改变的时候，很多与我们当下状态不再匹配的资源就会消失了，那些陈旧的亲朋好友关系也在其中。我们会不舍，我们甚至想帮助他们离开，但这只是我们的一厢情愿，他们并没有意识到需要改变。此时，你需要做出选择，是继续走自己的路，还是留下来等他们呢？

有很多来访者会问我，如果我改变了，可是老公没改变，我的生活真的会不一样吗？我要很认真地告诉大家，我们今生唯一能改变的人就是自己。我在改变之前身边有很多负向的朋友，一起聚会时，很多人会像怨妇一样诉苦，有的怨老公不贴心，有的怨婆婆太固执，每次聚会我都不想去，感觉负向能量太多了，可是又怕万一不去，她们会说我太高冷，看不起她们。我改变之后做出了一个决定，我要走自己的路，换一批跟我能量匹配更好的伙伴。

当我走上属于自己的自由之路后，我开始重编我的人生剧本。每个人的内心都是编写剧本的地方，之前我编了很多负向、有情绪的剧本，我身边的亲朋好友都在这些剧里扮演着角色，他们演出的内容都是按照剧本要求完成的，因为剧本悲情，作为主角的我痛苦不堪是自然的。原来我的痛苦生活并非来源于我身边的人，完全是我一手创造的。就像我前面提到的来访者，一直处处在为别人操心，消耗自己的时间、精力，但却没有得到任何好报，她的内心剧本就是否定自己，剧本中的扮演者——她的家人、朋友们就会以各自的方式否定她，让她陷入纠结、痛苦之中。

如果我们不停止这些负向的剧本，重新改编它们，我们是很难收获幸福的。我开始重新编制正向积极的剧本，我要知道我真正想要的是什么。之前的负向剧本的核心是我想要通过控制别人获得真正的安全感，那么我实际想编制的剧本就是"我是安全的"。我不断地想象我安全的感受和相应的场景，和什么人在一起、在哪里让我感觉很安全，越想这些感受越真切。此时剧本吸引的亲朋好友扮演者也开始发生改变，我身边的家人们开始轮流照顾我，比如早晨一直都是我做早餐，某天老公突然主动提出让我休息几天，他来做；孩子们也会在晚餐后主动承担收拾饭桌、洗刷碗筷的工作，让我歇着，这一切转变实在突然，但也让我有了坚持改变的动力。现在我知道，除非我愿意，谁也不能再让我回到痛苦中了。

我在改变的过程中发现，当我能够编出正向、积极的剧本时，我身边的亲朋好友也会因此受益并改变。所有当下真的都是我创造的结果，我下定决心一定要重编我内心所有的剧本，让所有的剧情都以正向积极的方式呈现。

后 记

让爱自己成为习惯

本书到这里已是尾声，相信大家已经有了很多收获。我郑重申明，我并不是书中知识和方法的创造者，在此我要感恩这些知识和方法的创造者，他们才是最伟大的智者。我和大家一样，都是受益者，也是传播者。我愿意用自己毕生的精力帮助更多的人走出自己给自己设置的牢笼，成为真正自由、真实的自己。你愿意成为像我这样的人吗？

在此我邀请大家一起分享这本父母情绪必修课书籍，分享给你身边的朋友，让更多人早改变、早受益，让我们的世界更美好，让全天下的人都有好脾气，这是我们共同的愿景和目标。

我爱你们，我的每一位读者！虽然我不知道你们是谁，但是我知道我会永远陪伴在大家身边，一起学习、一起进步、一起成为自由、真实的自己。在有限的生命里，让我们一起努力，让爱自己、爱家人成为一种习惯。